高齢期を安心して過ごすための

新版

生前契約書＋遺言書

作成のすすめ

1級FP技能士・
相続コーディネーター® 後東 博 著

税理士 上川順一／弁護士 村松由紀子 監修

日本法令®

まえがき

　この本を手に取られた方にとって、「生前契約書」という言葉は、あまりなじみがないことと思います。これから本書でご紹介する生前契約書とは、

> 『財産管理等委任契約書』
> 『任意後見契約書』
> 『尊厳死宣言書』
> 『死後事務委任契約書』

の４つを中心とする法的書類です。

　筆者は相続コーディネーター®として、数々の相続案件に携わりました。その案件の中には、**公正証書遺言**（公証役場で公証人に作成してもらう遺言。以下、本書では、特に記載がない限り、遺言書は公正証書遺言を指すものとします）**を生前きちんと用意していたにもかかわらず、相続人同士がもめてしまった**事例がいくつもありました。また、せっかく**エンディングノートを書いておいたのに、亡くなってから実行されなかった**ケースも数多く目にしてきました。

　こうした経験から、筆者は、遺言書だけでは対策しきれない数々の相続トラブルに備えるため、**「生前契約書＋遺言書」をセットで作成する**ようお勧めいたします。

　遺言書のメリットは、親の死後に遺産分割協議を行う必要がなく、相続人間のトラブルが起こりにくいことです。

　しかし、遺言書が残されていても、「生前、親の介護や認知症の面倒を誰がみたか」ということが原因でもめるケースがあります。面倒をみていた人が、その分多くの財産を要求したりするのです。

　あるいは、親の介護の面倒をみると称して、親のキャッシュカー

ドを預かり、自分の買い物をしたり、親が亡くなる前に多額のお金を引き出したりしてしまうケースもよくあります。後日このことに他の相続人が気づいて、相続トラブルに発展します。

　また遺言書が残されていても、相続人が遺言書を開く前に親が亡くなったら、まず葬儀があります。このとき、葬儀を誰が行い、その費用を支払うのかでゴタゴタするおそれがあります。

　さらに最近増えているのが、散骨や樹木葬を希望する場合です。誰が散骨や樹木葬を行い、その費用をどこから支払うのかという問題です。つまり誰が葬儀や散骨・樹木葬を行い、どのような方法で行うのか、そしてその費用をどこから支払うのか、という問題が生じます。これらの問題が相続トラブルの原因となってしまうのです。

　また、高齢期において、がんや交通事故などで回復の見込みがない場合、延命治療を望まないという人は多いと思われます。延命治療は本人だけでなく家族にとっても抵抗のある治療方法であり、延命治療をするかどうかで兄弟姉妹の意見が分かれることもあります。

　死後に起きるもめごとは、すべて生前に原因があります。死後に原因があるわけではありません。

　遺言書だけでは、延命治療や介護、認知症に対応できませんし、葬儀や散骨・樹木葬など死後の後始末を書いても法的な拘束力もありません。

　そこで筆者がお勧めするのが、**遺言書とセットで生前契約書を作成する方法**です。

　病気や要介護状態のときの財産管理や療養看護については『財産管理等委任契約書』で備え、認知症になったときは『任意後見契約書』で備えておくと万全です。延命治療については『尊厳死宣言書』にて意思を明文化しておきます。葬儀や死後の後始末については『死後事務委任契約書』を用意しておきます。子供のいない夫婦、おひ

とり様、一人暮らしの人の場合はさらに、病院に入院したり介護施設に入居するときに、『保証人契約書』や『見守り契約書』の必要性も生じます。

『財産管理等委任契約書』『任意後見契約書』『尊厳死宣言書』『死後事務委任契約書』、これらの4つの書類すなわち生前契約書によって、誰が、何を行い、その費用はどこから支払うのかを明確にしておけば、相続人同士が相続でもめることはなくなります。同時に、終活において自分の遺志を実現するための指示書として機能します。

相続や終活には、予期せぬ事態（トラブル）がつきものです。いざトラブルに直面したとき、困るのは他でもないあなたと、あなたの身近にいる大切な人たちです。

あなたの大切な人をトラブルから守るために、ぜひ今のうちから、「生前契約書＋遺言書」をご検討ください。

あなたにとってこの本がお役に立てば、これほどうれしいことはありません。

平成29年2月
筆　者

新版の補足

おかげさまで本書の初版は、重版となるなど大変好評でした。

初版発行後の平成30年7月、民法のうち相続関連の改正法案が成立したのを受け、内容を大幅に見直しました。

この改正で**配偶者居住権**が新設されましたが、実際の適用にはさまざまな問題が生じます。

たとえば、遺言書のない相続が発生し、妻（配偶者）が自宅の「居住権」を、子供が自宅の「所有権」を相続したとします。この場合、

妻は自宅に住み続けることができるわけですが、「自宅の修繕費や固定資産税は誰が支払うのか？」「妻が介護施設などに入居する前に売却できるのか？（当然のことながら、終身の権利である「居住権」を売却したり貸したりすることはできません）」といった問題が起こりえます。

このケースでは、遺言書に「自宅は配偶者が相続する」と書いておけば、妻の住む場所も確保でき、上記問題も生じないでしょう。

また、相続人に対して**特別寄与料**を請求できる権利も新設されました。

たとえば、親よりも先に死亡した長男の嫁が、親（嫁にとっては義父母）の介護をしていた場合を考えます。法定相続人でない長男の嫁が遺産請求する場合、その要件として「要介護2以上で、無償で、長年介護や認知症などの世話をしていたこと」などが求められます。そのうえ、遺産分割協議で相続人全員の同意も得なければならないのです。特別寄与料の請求が、新たな相続トラブルの原因になる可能性があるといえます。

このケースでは、遺言書に「長男の嫁に、介護に貢献したので、財産を遺贈する」と書いたうえで、長男の嫁を後見人とした生前契約書（の『財産管理等委任契約書』と『任意後見契約書』）を作成しておけば、介護等の世話をしてくれた長男の嫁に対し、その貢献に見合った対応ができます。

同様に、相続開始後、故人の口座から一定額を即座に引出しできる、**預貯金仮払い制度**が新設されました。しかし、あらかじめ生前契約書（の『死後事務委任契約書』）を作成しておき、葬儀費用などを後見人（相続人）が引き出せるようにしておけば、そもそも仮払い制度の面倒な手続き自体をしなくても済みます。

このように、今回の法改正後も、法的な拘束力がある「遺言書」と「生前契約書」をセットで作成しておくことこそが、終活や相続

対策の最善策であることに変わりはありません。

　あなたにとってこの新版がお役に立てば、これほどうれしいこと
はありません。

令和2年4月

筆　　者

もくじ

第2章　生前契約書と遺言書の関係

第3章　生前契約書と遺言書を書いておきたい人

終　章　　相続対策とまとめ役

　本書の記載内容は、令和2年4月時点のものです。

序　章
相続対策をはじめましょう

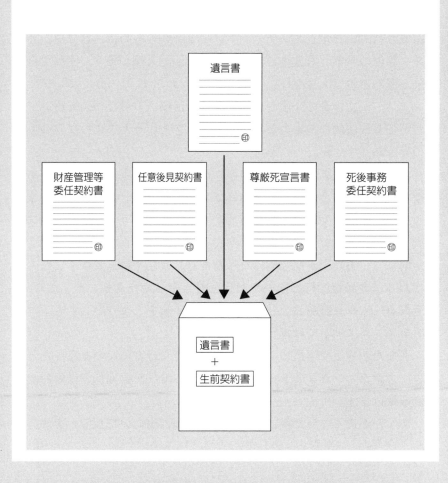

 なぜ生前契約書が 必要なのか

1 エンディングノートは いざというとき役に立たない

　エンディングノートに大きな注目が集まり、セミナーなどが多く開催されています。エンディングノートというものは、自分史、介護や葬儀の希望、家族へのメッセージほか記入欄が多く、すべて自分で埋めるのは大変な作業です。にもかかわらず、せっかくエンディングノートに自身の介護や認知症、延命治療、葬儀について書いておいても、法的な拘束力がないので、いざというときに役に立つものではありません。

　あなたが寝たきりや要介護状態になったとき、家族や第三者があなたの代わりに金融機関に出向いてお金を引き出したり、支払いをしたり、入院の手続きや要介護認定の申請をしようとしても、エンディングノートでは実行できません。

　同様に、あなたが認知症になったとき、家族や第三者があなたの代わりに金融機関に出向いてお金を引き出したり支払いをしたり、老人ホームや介護施設などへ入居の申請手続をしようとしても、エンディングノートでは実行できません。

　あなたが病気や事故にあい、延命治療を受けたくないと思ったとき、エンディングノートを提出したところで、医療関係者は延命治療を続けます。

　あなたが亡くなった後、子供が金融機関に出向いて預貯金を解約

したり、不動産の相続登記をしようとしても、エンディングノートでは実行できません。

あなたが亡くなった後、家族に散骨・樹木葬をしてほしいという希望をエンディングノートに書いておいても、希望通り実行されるとは限りません。

<u>エンディングノートは、終活に関する自分の希望を家族に伝える、単なるメッセージ</u>に過ぎないのです。

② 遺言書だけでは対応できない 問題がたくさんある

遺言書は亡くなってはじめて役に立つものであり、生前の要介護状態や認知症になったとき、あるいは延命治療中の場合にも役立つものではありません。遺言書はあくまで本人が亡くなってから、子供や家族らに遺志を明確に伝えるためのものです。

あなたが寝たきりや要介護状態になり体が不自由になった場合、また認知症などで判断能力が低下した場合、遺言書は役に立ちません。

あなたが脳死状態になった場合、仮に延命治療を受けないと入院前から決意していたとしても、遺言書を医師に見せるのはおかしな話です。

あなたが亡くなった後、遺言書に葬儀の方法や、「散骨・樹木葬を希望する」旨が書かれていたとしても、家族が遺言書のとおり実行するとは限りません。

亡くなる本人にとって、死後のことよりも、生前の老後の安心のほうが大切でしょう。遺言書は、死後の金融資産や不動産の処分を指示する書類に過ぎません。**遺言書に「延命治療をしないように」**

とか、死後の葬儀や散骨・樹木葬、献体などについて書いても、**法的な拘束力はない**のです。

　ですから、要介護状態や認知症に備えるためには『財産管理等委任契約書』や『任意後見契約書』、延命治療をしないで尊厳死を望むためには『尊厳死宣言書』、死後の葬儀や散骨・樹木葬などを希望するためには『死後事務委任契約書』を準備するべきです。

---

3 遺言書と生前契約書をセットで 作成しよう

◆生前契約書と遺言書の関係

本人の 健康状態	健康 ➡	寝たきり 要介護状態 体が不自由	認知症など 判断能力低下 ➡	脳死 状態 ➡	死亡
財産管理等 委任契約書	作成	開始	終了		
任意後見契約書	作成		開始		終了
尊厳死宣言書	作成			開始	終了
遺　言　書	作成				執行 開始
死後事務 委任契約書	作成				開始

　生前契約書と遺言書は、本人がまだ心身ともに元気なうちから準備しておきたいものです。**『財産管理等委任契約書』『任意後見契約書』『尊厳死宣言書』『遺言書』『死後事務委任契約書』の５つの書類をセットにして、すべて公正証書で作成**しましょう。

　本人が意思表示さえできれば、老人ホームに入居したり、要介護認定を受けた後でも、これらの書類を作成することはできます。しかし、認知症などで判断能力がなくなってしまった場合は、作成することができません。まだ健康なうちに、これらの書類を作成できれば理想的です。

　あなたに終末期がおとずれたとき、これらの書類は順番に効力を生じます。寝たきり・要介護状態など体が不自由になったら『財産管理等委任契約書』を発効させ、認知症等で判断能力が低下したら『任意後見契約書』に移行します。亡くなったら『死後事務委任契約書』によって葬儀や埋葬等を行い、『遺言書』によって遺産を処分します。また、終末医療において延命治療が不要な場合には、延命治療をしない『尊厳死宣言書』を医療関係者に手渡します。

　これらのうち『遺言書』と『尊厳死宣言書』は、本人の単独の意思表示です。一方、『財産管理等委任契約書』『任意後見契約書』『死後事務委任契約書』は、依頼する人（委任者）と依頼された人（受任者）との間で契約を締結します。したがって『財産管理等委任契約書』『任意後見契約書』『死後事務委任契約書』は、先に後見人を決めてから契約書を作成することになります。

なぜ相続対策は遺産分割対策から始めるのか

1 相続対策は遺産分割対策から始めるのが鉄則

　相続対策は大別して、遺産分割対策、財産管理対策、納税資金対策、節税対策の4つがあります。

　実際の順番としては、まず遺産分割対策を行い、次に財産管理対策、納税資金対策、最後に節税対策を行うとよいでしょう。

　相続発生前の相続相談で一番多いのは、節税対策です。また相続発生後の相続相談で一番多いのが、ドロドロ、ゴタゴタした遺族の遺産分割問題です。

　相続は人の死によって始まります。**相続税がかからないという人でも、「相続対策」である遺産分割は100人中100人必要**になります。一方で、相続税のかかる人は日本人全体のおよそ8％（国税庁「相続税の申告状況について」より）ですから、「相続税対策」である節税対策は100人中8人の方のみが対象ということになります。

　「相続対策」と「相続税対策」は違います。しかし、一般的に相続対策と聞けば「相続税対策」、つまり節税対策だという誤解が多いのではないでしょうか。特に、相続の経験に乏しい人、つまり財産を相続する立場の人ほど、節税に関心があるものです。

　たとえば、本人が生前に相続税対策を実行した際の相続税法と、10年後〜20年後、あるいはもっと将来の、自分が亡くなったときの相続税法とでは、異なっているではないでしょうか。このような

考えから、最今では節税対策よりも、どうやって税金を用意するのかという「納税資金対策」や、家族がもめないようにする「遺産分割対策」が、相続対策の中心になってきています。

---

② 遺産分割対策を一番に考えないと税法上不利

なぜ、遺産分割対策がそれほど大事なのかというと、各相続人の財産の配分が決まらないと、実際の相続税の納税額が決まらないからです。相続税の申告期限は、相続開始から 10 か月以内と定められています。それまでに話合いでまとまらない場合、法定相続分で相続人ごとに仮の申告をし、未分割で納税することになります。**未分割の場合、「配偶者の税額軽減」と「小規模宅地の評価減」の特例が使えません。**

配偶者の税額軽減とは、被相続人（夫）の配偶者（妻）が相続などにより取得した財産が、「1 億 6,000 万円」もしくは「配偶者の法定相続分相当額」のどちらか多い金額まで、相続税はかからないという制度です。つまり 1 億 6,000 万円まで相続税が課税されません。

小規模宅地の評価減とは、自分の土地や自分の営む会社の社屋などが建っている土地やアパートや駐車場経営を行っている土地について、相続税評価額を 80％または 50％減額できる制度です。たとえば 5,000 万円の自宅（330㎡）の場合、4,000 万円（80％）減額され、1,000 万円（20％）の相続税評価に減額できます。

このように、遺産分割を一番に考えないと、納税において不利となります。

　相続人間で話合いがつかず未分割となった場合、不動産、預貯金などの相続財産はすべて共有となります。その結果、納税資金に充当できる預貯金があっても、遺産分割できないとその預貯金すべてが凍結されてしまい、納税資金に活用できません。

　また相続人間で話合いがまとまらず、不動産を相続人間で共有財産にした場合、相続人の1人が不動産の売却を主張したとしても、他の相続人が反対すれば売却することもできません。

---

❸　なぜ生前に遺産分割対策をすべきなのか

　相続対策において、遺産分割対策ではなく節税対策から始めると、多くの場合失敗に終わります。節税対策から始めてしまう人は、「相続は自分の死後に発生するものであり、自分自身では節税対策の結果を確認できない」ということに気づいていません。

　節税対策の結果、不動産のように分けられない、相続税も払えない財産だけにしてしまっては、いくら相続税が減っても無意味です。親の死後、配偶者や子供が、相続対策の順番が間違っていたことに気づくのです。相続トラブルの始まりです。

　亡くなっていく人は、自分が死んで困ることは何もありません。困るのは遺族です。遺産分割の決断を先送りしてしまう人が多いのは、節税対策は精神的な苦痛を伴いませんが、遺産分割対策における「どの財産を誰に相続させるのか」の決断は精神的な苦痛を伴うからです。その結果、そのうち遺産分割をしなければと思いつつ、何もしないまま亡くなっていく人がたくさんいます。

　相続トラブルになるかどうかは、亡くなる本人よりも子供のほうが本能的に分かっています。

　子供は、相続トラブル付きの相続をしたくないものです。子供が親に遺産分割対策である「生前契約書＋遺言書」の作成を勧める理由が、ここにあります。

　相続で家族がもめたり、いがみ合ったりする原因は、亡くなる本人にあります。本人の遺志が相続人たちに明確に見えないとき、家族は争います。**相続トラブルの責任は 100%親**にあります。子供にはありません。

　本来相続対策は、亡くなる本人が 1 人で考えることです。他でもない自分の財産なのですから。

　「自分が亡くなった後の相続対策など不要」という考え方もあるでしょう。しかしながら、もし自分が亡くなった後も円満な家族であってほしいというお気持ちが少しでもおありなら、家族のことを考えて「生前契約書＋遺言書」の作成をしてほしいと思います。

第1章
終活に必要な生前契約書

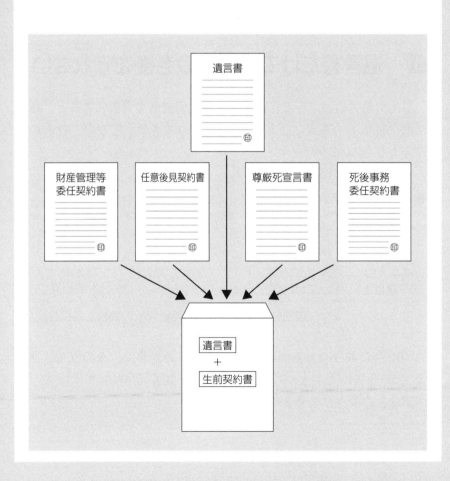

遺言書だけでは高齢期の問題は解決しない

> **ポイント**
>
> 　遺言書と生前契約書をセットで作成する。生前契約書とは、『財産管理等委任契約書』『任意後見契約書』『尊厳死宣言書』『死後事務委任契約書』の4つ。

1 遺言書だけでは自分の老後を守れない

　厚生労働省の国立社会保障・人口問題研究所の発表によると、将来的に日本人の5人に2人が65歳以上の「老年」となり、総人口が今より30%減少します。

◆総人口と老年人口

	2010年	2015年	2060年
総人口	1億2,806万人	1億2,543万人	8,679万人
老年人口 （65歳以上）	2,948万人 （総人口の23%）	3,378万人 （総人口の26.9%）	4,418万人 （総人口の39.9%）

（国立社会保障・人口問題研究所の資料を基に作成）

　2015年における日本の総世帯数は5,060万世帯で、そのうち「世帯主が65歳以上」という世帯は1,802万世帯（36%）です。この内訳は次のようになります。

◆「世帯主が65歳以上の世帯」の内訳（2015年）

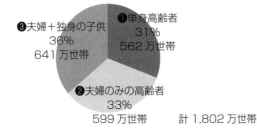

（国立社会保障・人口問題研究所の資料を基に作成）

❶「単身高齢者」には「もし病気や要介護状態、認知症になったらどうしよう」という不安があります。また、孤独死や死後誰に看取ってもらうのかという不安もあります。

❷「夫婦のみの高齢者」には夫（妻）が先に逝ってしまった後、どちらかが独り取り残されるという不安があります。また、独りになったときにもし病気や要介護状態になったら、夫婦で築いた財産をどうするのかという、終活や相続に対する不安もあります。日本人の65歳からの平均余命は、男性19年（84歳）、女性24年（89歳）です。夫婦のどちらか1人が取り残されます。10〜20年に及ぶ人生の最後期を、ほとんどの人が自分1人で生活することになります。

❸「夫婦＋独身の子供」にはパラサイト・シングル、シングルマザーという問題があります。夫（妻）が先に逝ってしまった後の不安と、独身の子供の将来の生活不安です。パラサイト・シングルを養っていけるゆとりのあるうちはいいのですが、親が年金生活になってからが問題で、夫婦の老後資金は子供の生活費などに使われてしまいます。

さらに、親が死ぬと、子供の老後や他の兄弟姉妹との相続問題など深刻な問題となります。親と同居している子供は、相続する前から自宅は自分のものだと思っていたり、生活のための財産の確保を

したい気持ちがあります。ところが、他の兄弟姉妹は法定相続分を要求し、これが相続トラブルに発展することがよくあるのです。

　遺言書は自分が死んだ後、遺族がもめないように、あるいは生活に困らないようにするためのものです。しかし、本人は遺言書どおり実行できたかどうかを確認することができません。遺言書は生命保険の死亡保障のようなもので、遺族のために作成するものです。

　そして、遺言書を作成しても、自分の老後の安心を確保することはできません。「自分の死後と自分の老後、どちらが重要ですか」と尋ねられれば、大半の人が「老後」と答えるのではないでしょうか。

② 生前契約書がないと 相続トラブルになる

　たとえば、階段で転び足を骨折して金融機関で引出しや支払いができないとか、寝たきりになり入院手続や要介護認定の申請手続が自分1人ではできなくなることもあります。このように、身体機能が不自由になったときに、財産管理や療養看護の手続きを家族や第三者に任せるには『財産管理等委任契約書』が必要になります。

　認知症や要介護状態のため、霊感商法のような悪徳業者にたやすくお金をだまし取られてしまうことがあります。また親族に相続が発生したとき、本人が遺産分割協議に参加できないため、家庭裁判所に申立てをして法定後見人を見つけなければならないこともあります。このように判断能力が低下したときに、財産管理や療養看護の手続きを家族や第三者に任せるには『任意後見契約書』が必要になります。

　病気・事故などで脳死状態になったときに、延命治療を受けるか

どうかの判断は、事前の書面がなければ本人も家族もできません。その際、医療関係者に伝えるためには『尊厳死宣言書』が必要になります。

独身高齢者や親族と疎遠になっている人は、葬儀、納骨、病院の医療費の精算、公共料金の停止等は誰が行ってくれるのでしょうか。誰がその人の死を葬儀業者に連絡したり、散骨場所に遺骨を持っていくのでしょう。これらを家族や第三者に依頼するためには、『死後事務委任契約書』が必要になります。

亡くなった人の預貯金を特定の相続人が管理している場合、生前の預貯金の引出しについて、相続人間や税務署との間でトラブルになることがあります。相続に関して税務署は金融機関に依頼して、亡くなった人だけではなく、その配偶者、子供、孫などの過去の取引履歴を調査します。

相続トラブルの原因となるのは、生前に亡くなった人の許可を得ずに預貯金を相続人が無断で引き出したり、要介護状態や認知症になってから本人が意思表示できないときに勝手に相続人が預貯金を引き出して使った場合です。この場合、無断で預貯金を引き出した相続人に対して、他の相続人は損害賠償請求や不当利得返還請求を行うことができます。当然、無断で引き出した預貯金には相続税が課税されます。

平成24年に最高裁は、親の成年後見人である子供が親の財産を無断で使った場合「業務上横領にあたる」という判決を下しました（業務上横領被告事件）。

このように、高齢者の財産管理は相続トラブルになることが多いので、親子間であっても『財産管理等委任契約書』と『任意後見契約書』の作成が欠かせません。そのうえで将来の相続トラブルを避けるために、預貯金の出し入れする際は使途をメモしておき、その領収書を保管しておくとよいでしょう。

③ 生前契約書によるトータルサポート

『財産管理等委任契約書』や『任意後見契約書』の後見人（生前契約の受任者。以下同じ）は、本人が生きている間に支援するものであり、死後のことまでの権限はありません。また、延命治療をしないようにする権限も、後見人にはありません。

したがって、『財産管理等委任契約書』や『任意後見契約書』を作成する際に、同時に『死後事務委任契約』を後見人と結んでおくことで、はじめて生前から死後の事務までトータルでサポートすることが可能となります。

つまり、**「生前契約書＋遺言書」を一緒に作成することが重要な**ポイントになります。また、これらを自分がまだ元気なうちに作成することが、高齢期を自分の思いどおりに不安なく過ごし、満足のいく人生の最後を迎えるための終活プランとなります。

④ 終活を考えるときの11のポイント

高齢期になれば誰でも、人生の終活を考えるものです。病気になったらどうしよう。認知症になったらどうしよう。自分の死後、パラサイトシングルや知的障害・精神障害の子供の生活をどうしよう。子供達の遺産分割をどうしよう。老朽化したアパートをどうしよう。おひとり様、子供のいない夫婦、一人暮らしなどの場合は保証人や後見人をどうしよう……などです。

どうしよう、どうしよう……と思っているということは、問題点に気づいているなによりの証拠です。年をとればとるほど考えることが億劫になり、最後には「死んでからのことはもうどうでもよい」

となげやりな気持ちになってしまいがちです。

しかし、問題に気づいても、行動しなければ何も変わりません。

人生の終活プランを作成する際、以下の❶〜⓫のポイントを考えてから実行するとうまくいきます。

❶ **終活プランを誰が考えるのか？**

本人。または、子供をはじめとする家族。

❷ **終活プランで何を行うのか？**

遺言書、代理権目録の作成。

❸ **終活プランがなぜ必要なのか？**

病気、要介護状態、認知症、延命治療、死後事務の備え。

❹ **終活プランを誰に実行してもらうのか？**

後見人になる人を決定。

❺ **終活プランを誰のために行うのか？**

本人、または家族。

❻ **終活プランには誰と誰が必要なのか？**

委任者（依頼する人）と受任者（依頼される人）を決定。

❼ **終活プランをいくらで作成するのか？**

作成費用。

❽ **終活プランをいつまでに作成するのか？**

病気や認知症になるまで。

❾ **終活プランどのように作成するのか？**

誰に原案作成を依頼するのか。

❿ **終活プランには何がいくつ必要なのか？**

4つの生前契約書だけ作成するのか。さらに『保証人契約書』『見守り契約書』も必要か。

⓫ **終活プランをどこで作成するのか？**

どこの公証役場で作成するのか。

終活の問題に気づいたなら、上記11の事柄をできるだけ早く決め、実行することです。

なぜ終活プランに生前契約書が必要なのか

ポイント

生前契約書は、「誰に」「何を」「いくらで」という３つのキーワードで考える。おひとり様は『身元保証契約書』と『見守り契約書』も必要。

1 終活プラン計画時の ３つのキーワード

（1）死後に有効なのは遺言書と生前契約書だけ

　終活では、人生の最後期の過ごし方や、亡くなった後のことを自分で生前に決めておきます。これらのことは、決めておくこと自体は容易にできますが、寝たきりや要介護状態・認知症などで身体が不自由になった場合や、亡くなった後の葬式やお墓のことなど、自分で実行できないことも数多くあります。

　したがって、**死後の後始末などについて本人が生前に具体的な内容を定め、第三者と契約しておくこと（生前契約）が必要**になってきます。

　生前契約は、生前に行う生前事務と、死後に行う死後事務の２つに分けられます。生前契約とは、生前の病気、介護、認知症、それに死後までを包括的に扱うしくみといえます。

　人は、死亡と同時に意思表示をすることができなくなります。法的に認められている「死亡後の意思表示方法」が、遺言とそれを補

完する死後事務委任契約です。相続においては、法律が定める法定相続より、自分が生前に決めておいた遺言書のほうが優先されます。生前契約は、死亡後の意思表示を可能にする、画期的な方法といえます。

（2）生前契約３つのキーワード

生前契約のキーワードは、次の３つです。

> ①誰に
> ②何を
> ③いくらで

①誰に（後見人を頼むのか）

１つ目のキーワード「誰に」とは、「誰を自分の後見人とするか」ということです。

子供のいる人なら、どの子供に頼むのか。子供のいない夫婦なら、どの姪や甥に頼むのか。家族や親族に頼りたくない、誰にも迷惑をかけたくないと考えている人であれば、第三者の個人や団体に頼むことになります。（もっとも、「自分の生前のことも死後のこともどうでもよい」という方には生前契約は必要ありませんし、本書をこれ以上読む必要もありませんが……）。

生前契約書を作成しても、契約者である本人が、死後の後始末を確かめることはできません。したがって、生前契約を確実に実行するためには、契約書は公正証書で作成する必要があります。

本人が亡くなったその瞬間から、すべての財産は相続人が相続することになるので、遺言書と生前契約書はセットで作成します。せっかく死後事務委任契約で葬式や散骨について決めておいても、相続人の１人から「葬式代や散骨代は支払わない」と言われ

てしまったら、本人の遺志は実行されません。そこで、1つ目の
キーワード「誰に」に当てはまる人、つまり**依頼した後見人を祭
祀主宰者および遺言執行者として、遺言書で指定しておく**必要が
あります。

　祭祀主宰者と遺言執行者には、相続人である子供、親族である
甥や姪、兄弟姉妹または第三者の専門家などがなることができま
す。同様に死後事務委任契約も、子供、甥や姪、兄弟姉妹、第三
者に依頼することができます。遺言執行者や死後事務委任契約を
依頼された人（受任者）がまだ幼い子供などで、税金や法律、役
所の手続き、金融機関の手続きといった事務処理が大変であるこ
とが予想される場合は、あらかじめ『遺言書』や『死後事務委任
契約書』に、相続コーディネーター®・弁護士・税理士などの専
門家に委任できるよう盛り込んでおくとよいでしょう。

②何を（依頼するのか）

　2つ目のキーワード「何を」とは、「自分が後見人に依頼する
内容」のことです。生前であれば、寝たきりになったときの金融
機関でのお金の出し入れや、病院や介護施設に入所するときの手
続きなどです。死後であれば、葬儀をどのように行うのか、どこ
へ散骨をするのか、どのお墓に埋葬してほしいのかなどです。

　何を依頼するのかについては、『財産管理等委任契約書』や『任
意後見契約書』であれば、代理権目録に記載します。『死後事務
委任契約書』であれば、委任契約事項に記載しておきます。

③いくら（の実費と報酬）で

　3つ目のキーワード「いくらで」とは、「実費と報酬」につい
てです。

　生前であれば、介護費用、老人ホームや介護施設の入居費用が、

死後であれば、お墓、散骨や樹木葬をする費用などが必要になります。第三者に依頼する場合は報酬の支払いが発生しますし、たとえ肉親であっても報酬が必要になる場合もあります。

『死後事務委任契約書』にあらかじめ死後に必要となる費用を記載して、生前に支払いができるように預託しておけばよいでしょう。また、**子供や甥・姪などが受任者の場合、生前事務に必要な実費は本人の財産から支払い、報酬については無報酬にして、その分を遺言によって他の相続人よりも多く相続させるとよい**でしょう。第三者を受任者とする場合は、生前事務の実費と報酬が必要になります。

生前契約する場合、遺言書と生前契約書に必要な公正証書の作成費用、および死後の遺言執行料や死後事務の実費などが必要になります。

民間の事務所や個人にこれらを依頼した場合、あらかじめ料金を明記しているところは少なく、往々にして個別相談によって金額が決定されます。

そもそも生前契約で、何をいくらでやって、死後の事務の何をどこまでやるのか、すべて生前に決めておくこと自体が困難です。依頼者がいつ亡くなるのか、物価の変動はないのか、といったことを考慮して一つひとつ料金を決めておくのは現実的ではありません。この点において、葬儀業者が取り扱う葬儀の生前予約と生前契約は、似て非なるものです。

費用と報酬について明確なことは、本人（生前契約の委任者）が負担するということです。問題は、契約者本人が亡くなってからの葬儀や埋葬費用の用意です。死後の後始末を依頼するには、お金を準備しなければなりません。

人が亡くなると、金融機関はその人の預貯金口座を凍結するので、自由にお金を引き出すことができなくなります。民法改正に

よる、2つの「預貯金仮払い制度」創設で、2019年7月から、遺産分割前に相続人単独で、預貯金の一部を払い戻してもらうことが可能となってはいますが、この制度も、金額に上限があったり、家裁への申立てのため時間がかかったりするため、亡くなる直前の入院・お葬式・四十九日法要といった直近の諸費用すべてに対応できるものではありません。このため、誰が葬儀費用を立て替えて支払うのか、という問題が発生してしまいます。

　預貯金ではなく生命保険の死亡保険金で支払うという場合でも、保険会社の事務手続に時間を要します。

　ですから、**生前に死後必要なお金を引き出すことができる生前契約、すなわち死後事務委任契約が有効な手段**といえます。

　子供や親族がいたとしても、自分が認知症になったときや死後の後始末について、自分の思いや希望を実現するために生前契約をしたい、という人が増えています。生前契約は自力本願の考え方なのです。

(3) 生前契約書と葬儀の生前予約とはまったく異なる

　生前契約とよく似た言葉に、アメリカなどで広く普及している「プレニード」があります。プレニードとは、生前に本人もしくは家族が、代理店を通じて、「プレニード葬儀」を販売する保険会社に葬儀費用を支払い、あらかじめ契約を結ぶシステムです。つまり、葬儀の事前予約制度といえます。

　筆者がお勧めする生前契約書は、原則として公正証書による契約で作成します。家族・親族または第三者が、生前および死後において、本人の後見人の役割を務めるものです。葬儀会社や互助会が取り扱っている「葬儀の生前予約」とはまったく異なります。

　また、業者によっては葬儀だけではなく、死後の諸手続や遺品整理または葬儀費用等の料金を全額前払いして契約する「前払い型生前契約による葬儀サービス」を提供しているものもあります。これらは葬儀業者の会員システムなどに入会する形をとっていますが、法的な効力はありません。もちろん、このような葬儀サービスと生前契約はまったく別物です。

　「前払い型生前契約による葬儀サービス」は、契約した本人が自分の死後、葬儀の内容を確認することができず、契約をしていない遺族が立ち会うことになるので、トラブルの原因になりがちです。生前の葬儀予約は単なるペーパー契約、というケースも少なくありません。本人と後見人が、その葬儀業者や団体が信頼できるところなのかどうか、よく確認しておく必要があります。

② 生前契約書で生前にやること・死後にやること

(1) 生前契約書で生前にやること

　生前契約によくある誤解が2つあります。生前契約は死後の後始末についてのみ作成するという誤解と、おひとり様や子供のいない夫婦のような身寄りのいない人が作成するという誤解です。

　子供はいるけれども遠方に在住しているので一人暮らしという人や、子供のいない夫婦で一方が亡くなった人も、ここでいう「おひとり様」に含まれます。子供はいるが頼りたくないという人、誰にも迷惑をかけたくないと考える人もいるでしょう。

　生前および死後、自分ではできないことがあるというときの解決策が生前契約です。

◆（後東式）人生終活プランの作り方

３つのキーワード ①誰に（後見人） ②何を（代理権目録） ③いくらで 　（実費と報酬）	＋	遺言書（公正証書遺言） ＋ 生前契約書 『財産管理等委任契約書』 『任意後見契約書』 『尊厳死宣言書』 『死後事務委任契約書』	＋	おひとり様のケース 『身元保証契約書』 『見守り契約書』

生前契約によって対応できることを、書き出してみました。

❶寝たきりや要介護状態などで体が不自由になったとき

　➡『財産管理等委任契約書』で対応

　　（例）金融機関でのお金の引出し、振込み

　　　　　市区役所への住民票、戸籍謄抄本、税金の申告や支払い

　　　　　自宅ほか不動産の管理や保存

　　　　　医療契約、入院契約、介護施設入所契約の締結や費用支払

❷判断能力が低下し認知症などになったとき

　➡『任意後見契約書』で対応

❸延命治療をやめてもらうよう医療関係者に依頼するとき

　➡『尊厳死宣言書』で対応

　　（例）医療関係者に本人が尊厳死宣言書を手渡しすることが

　　　　　できないとき、代わりに後見人に手渡してもらう

❹一人暮らしの人が孤独死を避けたいとき

　➡『見守り契約書』で対応

❺保証人が必要なとき

　➡『身元保証契約書』で対応

　　（例）病院へ入院するときの保証人

　　　　　老人ホームや介護施設へ入居するときの身元引受人

(2) 生前契約書で死後にやること

　死後に想定されることはとても多く、大変な作業です。この作業には、『死後事務委任契約書』で対応します。なにしろ決めなければならないことが多いので、死後事務委任契約を締結するとき、完全なものを作成しようとすると、前へ進むことができなくなるおそれがあります。その時点で決めていることだけを、大まかに記載しておくとよいでしょう。

①死亡に伴う基本的な手続き

- ・市区町村への死亡届
- ・市区町村へ死体火葬（埋葬）許可証の申請
- ・市区町村へ世帯主変更届
- ・警察へ運転免許証の返納
- ・市区町村へ国民健康保険証の返還
- ・老人ホームへの未払い料金の支払い

②葬　　儀

　葬儀には、一般的な葬儀のほかに、家族葬、自由葬、ホテルなどで行う「お別れの会」、直葬、1日葬、生前葬など種類があります。どの葬儀形式にするのか、決めておくとよいでしょう。

- ・直　葬……通夜・告別式などを行わず、火葬のみを行う
- ・1日葬……通常2日間にわたって行う通夜と告別式を、1日で行う
- ・自由葬……宗教色のない、自由なスタイルの葬儀
- ・家族葬……家族と親族だけで故人を見送る
- ・生前葬……本人が生きているうちに自分で行う

③お　　墓

　お墓のタイプには家墓、夫婦墓、個人墓などがあります。

　納骨堂にはロッカー式、棚式、仏壇式、お墓式、機械式などのタイプがあります。本来、納骨堂は遺骨を一時的に預けるための施設ですが、最近ではお墓の代わりに遺骨を納める人が増えています。

　おひとり様で多いのが永代供養墓です。埋葬の仕方によって集合墓タイプ、共同墓タイプ（合葬墓）、墓石タイプがあります。近年、利用者が増加しています。

④お墓に入らない埋葬
〈樹 木 葬〉

　里山型、公園型、墓標型、合葬型などのタイプがあります。

・里山型……遺骨を埋葬した付近に、大きくならない木（低木）を植える形式

・公園型……桜などシンボルとなる木を植え、遺骨を埋葬する形式

・墓標型……遺骨を埋葬した付近に、氏名を刻んだプレートを設置する形式

・合葬型……遺骨を合祀し共同で埋葬する形式

〈散　　骨〉

　海や山など、墓地以外に遺骨をパウダー状にして撒く方法です。お墓の管理維持費用やお参りが必要ありません。

〈手元供養〉

　故人の遺骨をパウダー状にして、ペンダントや指輪に加工して身に着けたり、遺骨をミニ骨壺に入れて供養をする方法です。これまた、お墓の用意もお墓参りも必要ありません。

⑤死後に必要な事務手続

・生命保険の死亡保険金や入院給付金の請求

・銀行など金融機関の口座名義の変更や解約手続

・電気・ガス・水道など公共料金の変更や解約手続

・NHK 受信料の名義変更

・電話の加入権承継手続

・借地・借家の名義変更

・賃貸住宅の契約の解除や承継

・株券・債券の名義変更や解約手続

・自動車の名義変更や廃車手続

・各種未払い料金の支払い

---

⑥死後の退会・解約・返却手続

・クレジットカードの解約手続

・パスポートの返却手続

・携帯電話の名義変更や解約手続

・貸金庫の解約手続

・パソコン・インターネットサービスの退会手続

・公共施設・バス等の無料カードの返却手続
・ゴルフ会員権の名義変更や退会手続
・フィットネスクラブ・百貨店の会員証などの退会手続

⑦専門家のサポートが必要な手続き

・不動産の相続登記
・準確定申告や相続税の申告・納税
・遺族年金、死亡一時金、埋葬料、埋葬費などの手続き
・遺言執行手続

⑧その他の手続き

・不動産（自宅）の処分
・臓器提供、医学部や歯学部への献体
・ペットの世話
・ゴルフ会員権の売却

3　おひとり様の生前契約書の作り方

(1) おひとり様の孤独死と見守り契約

　おひとり様でもそれ以外の人であっても、生前契約書の作り方は基本的に同じです。おひとり様の場合に違う点は、**見守り契約と身元保証契約が必要になる**ことです。

　おひとり様の場合には、孤独死の問題があります。おひとり様で「死んだ後のことはどうでもよい、何とかなる」と考える人もいま

すが、孤独死は社会的なコストを増大させます。行政コスト（税金）である人件費と処理費がかかることになります。

　近い将来、20万人が孤独死するといわれています。東京都監察医務院の調査によると、平成17年における孤独死の発生件数は、男性の60〜64歳では404人です。また女性の80〜84歳では最大201人を認めています。

　男女とも85歳以降は少なくなっています。この年齢になると老人ホームへ入居したり病院に入院したりして、孤独死が少なくなるからです。

　見守り対策にはさまざまな方法があります。まず、自分の子供や親族から頻繁に連絡をもらうことです。子供や親族であれば本人の健康状態、もの忘れの度合いも分かり、後見人が必要かどうかも判断できるでしょう。自治体によっては見守り制度があります。緊急通報システムや、相談員が定期的に電話をかけたり、定期的に訪問する方法などもあります。民間企業にも、緊急通報システムや定期的に電話をかけてきてくれるもの、赤外線センサーを使った安否確認といったサービスがあります。

（2）地域包括支援センターのメリット・デメリット

　見守り制度とよく似たものに、地域包括支援センターの支援計画に沿った、定期的な訪問があります。地域包括支援センターは2005年、介護保険法で定められ、各区市町村に設置されています。その業務は、社会福祉法人である社会福祉協議会に委託されています。社会福祉士、保健師、主任ケアマネージャーが配置されており、定期訪問を実施しています。

　この地域包括支援センターは、高齢者のためのよろず相談所といった意味合いを持っています。2018年には、すべての市区町村に1か所以上、全国で5,000か所以上設置されています。

　地域包括支援センターの主な業務は４つあり、その中の１つに権利擁護業務があります。区市町村には「権利擁護センター」として独立して活動しているところもあります。

　権利擁護センターは、高齢者や知的障害者・精神障害者など、判断能力が不十分で、身の回りのことや日常的な金銭管理などで困っている方と契約を結び、地域で安心して暮らせるように支援を行っているところです。日常生活自立支援事業を有料で提供し、福祉サービスの利用援助、日常的金銭管理サービス、書類などの預かりサービスの３つを行っています。

　このうち福祉サービスの利用援助とは、金銭管理サービスまたは財産保全サービスの利用者に対し、自宅を定期的に訪問して、安心した生活をするうえで必要な援助を行うものです。このサービスを見守り契約として利用することもできます。訪問は自宅だけではなく、病院に入院している人も、福祉ホーム、グループホーム、介護老人保健施設、軽費老人ホーム、ケアハウスへ入所している人も、このサービスを利用できます。

　地域包括支援センターや権利擁護センターのメリットは、社会福祉協議会という公的な機関が運営しており、信頼性がある点です。一方でデメリットもあり、**契約できる人は契約締結できる判断能力のある人に限られており、認知症**などで**判断能力が低下した人は利用できません**。また、日常生活に関する公共料金や税金・社会保険料などの支払いの手続き、日用品の代金支払いの手続き、預金の払戻し、預金の解約および預貯金通帳の保管サービスは行っていますが、高額な財産管理や自宅などの不動産管理は行っていません。したがって別途、財産管理等委任契約、任意後見契約（または法定後見契約）、身元保証契約、見守り契約を締結する必要があります。

(3) おひとり様の身元保証契約

　おひとり様の生前契約にもう一つ必要なものが、身元保証です。病院へ入院するとき、アパートなど賃貸物件に入居するとき、有料老人ホームへ入居するとき、身元保証人が必要になります。多くの場合、身元保証人は子供や甥・姪といった親族になります。なんらかの事情で子供や甥・姪には頼みたくない、あるいは頼れる人が身近にはいないという人にとって、身元保証は大きな問題です。

　任意後見人や法定後見人は、原則として病院への入院や、有料老人ホーム、介護施設への入所時の保証人にはなれません。病院によっては、公正証書遺言と『任意後見契約書』を提示し、あらかじめ保証金を預けることで保証人が不要になるところもあります。しかし入院にともない、医療費の支払い、手術の立会い、死後の後始末などの対応を求められます。同様に老人ホームでは、緊急時対応や施設費の支払い、居室の明渡しなどを求められます。

　つまり、**おひとり様の高齢者には後見人以外にもう１人保証人が必要**になります。

　身元保証だけを引き受けるという専門家やNPO法人のような民間団体は、ほとんどありません。この手の団体は身元保証以外に、定期的な面会、外出時の付き添い、郵便物の管理、ケアプランの手続き、病院受診の付き添いなどの日常生活支援から、葬儀・納骨支援まで、総合的なサポートを引き受けます。「預託金」という名目で、契約当初にまとまった支払いを必要とするところがほとんどです。

　また弁護士、司法書士、行政書士などの専門家と任意後見契約を締結するときに、身元保証契約、見守り契約を結ぶ方法もあります。

(4) おひとり様は誰を後見人にするのかが重要

　見守り契約も身元保証契約も、信頼できる人や団体に、何を、いくらの費用で依頼するのか、自分自身で判断することになります。

しかしながら、後見人制度には不祥事が多いのも事実です。

公益財団法人日本ライフ協会は、2016年3月、預託金2億7,412万円を流用して破産し、公益認定を取り消されました。この協会は「見守り家族」と称して、高齢者の身元保証や定期的な安否確認などの日常生活支援を、約2,600人の会員に対して行っていました。

同様に、一般社団法人和みの会という法人は、2017年、末期がんを患っていた高齢の会員2人から「社会のために役立ててください」と託された遺産（約1億5千万円）を、申告することなく別口座に隠していたと報道されています。その脱税額（法人税）は3,900万円とのことです。

また、2015年において、成年後見制度をめぐり、弁護士や司法書士、行政書士らによる財産の着服が37件、後見人全体の不正は521件、被害総額は29億円にものぼりました。

客観的に依頼先を判断するには、経営方針や経営の健全性、リーダーの人柄や信頼性などを見るべきですが、最終的には、人生の最後期を誰に託すのか、自分自身で判断するほかありません。

4　（後東式）人生終活プランの作り方と流れ

人生終活プランを作るには、自ずと「生前契約書＋遺言書」がベースになります。なぜ遺言書が必要なのかというと、祭祀主宰者や遺言執行者の指定は遺言書ですることができ、また葬儀や供養の費用を本人の財産から支払うことができるからです。遺言書で指定しておかなかった場合、本人の財産は死亡と同時に相続人の共有財産になってしまうため、本人の遺志が実現できるかどうか分かりません。同様に、生前の病気や介護、老人ホームや介護施設への入居費用も、亡くなる本人の財産から支払うことが可能になります。

◆（後東式）人生終活プランの作り方と流れ

	将来予想される問題	生前契約書での解決策
1	寝たきり、要介護状態など 体が不自由になる	『財産管理等委任契約書』 （生前契約）
2	認知症など 判断能力が低下する	『任意後見契約書』 （生前契約）
3	脳死状態になったとき 延命治療をしない	『尊厳死宣言書』 （生前契約）
4	遺産相続	遺言書
5	死亡後の葬儀・お墓・散骨など の後始末	『死後事務委任契約書』 （生前契約）

＋

おひとり様のケース

	将来予想される問題	生前契約書での解決策
6	病院や老人ホームへの 入居時に保証人がいない	『身元保証契約書』 （生前契約）
7	孤独死と病気	『見守り契約書』（生前契約）

　<u>生前契約書と遺言書はつながりを持っていますので、セットで作成した方がよいです</u>。またこれらの書類は、すべて公正証書で作成するものであり、印鑑登録証明書や戸籍謄本も共通して必要になるので、セットで作成したほうが費用も手間も少なくて済みます。

　子供のいない夫婦、おひとり様・一人暮らしの人の場合は、この生前契約書にさらに『見守り契約書』と『身元保証契約書』の２点も必要となります。これらの書類の作成によって、人生終活プラン

は完成です。

　高齢期になれば、人は終活の必要性を感じます。しかし、実際には何もしていない、エンデングノートを書いてみたが思うようにいかない、何をどうしたらよいのか分からないという方が大半です。

　人生終活プランを作るには、３つのキーワードと生前契約書を考えれば上手くいきます。

　３つのキーワードと生前契約書を書き出すだけで、簡単にできます。なかなか書き出せないという方も多いかもしれません。何から手を付けてよいのか分からないという方は、ぜひ相続の専門家にご相続ください（終章**相続のまとめ役**参照）。

体が不自由になったら『財産管理等委任契約書』

ポイント

寝たきりなどになる前の元気なうちに『財産管理等委任契約書』を作成。代理権目録には、誰に代理権を与え、何を依頼するかを記載する。

1 なぜ『財産管理等委任契約書』が必要なのか

親が70～90歳代の高齢期になり節税対策や納税資金対策をする場合、本人が専門家と打合せをしたり、生前贈与を行うため金融機関や役所へ足を運んだり、本人名義の賃貸アパートやマンションなどの不動産管理をすることは、大変な苦労を伴います。

相続対策は遺産分割対策、財産管理対策、納税資金対策、節税対策の4つに分類できます。**まず遺産分割対策を行い、次に財産管理対策、そして納税資金対策、最後に節税対策の順番で実行すると、相続対策は上手くいきます**。このうち、2番目の財産管理対策は、特に大切です。親が高齢になると、不動産の維持管理などを実際には子供がやっている場合が多いからです。

節税対策で多額の現金や不動産を生前贈与する場合、金融機関で振込みの手続きをしたり、役所の手続きをするとき、原則として本人しかできません。

親の財産を、1人の子供が財産管理等委任契約によってきちんと

管理することで、他の子供に堂々と委任を受けていると証明でき、他の子供が勝手に財産を使い込むのを未然に防ぐ効果があります。

　老いは誰にでもやってきます。高齢になれば身体機能が低下します。病気や事故で長期間入院したり、寝たきりになって外出が困難になることもあります。

　病気や介護で身体が不自由になったとき、かつては家族に頼んで金融機関等で預貯金を引き出すことも可能でした。しかし現在では、入院費用の支払いや、金融機関での振込み、役所への書類申請などは、原則として本人しかできません。また、金融機関で定期預金の解約や、老人ホームへの入居金のような多額の振込みは、本人確認が必要になります。

② 高齢者の財産管理は 相続トラブルの温床

　さらに、**最近の相続トラブルで多いのが、親が要介護状態になり、子供にキャッシュカードを預ける場合**です。子供に預貯金の引き出しを頼んだところ、子供がそのキャッシュカードで自分の買い物をしていた、というケースがよくあるからです。

　また、親の死期が近づくとそのキャッシュカードで預貯金を引き出し、自分の預貯金口座に移し替えるというケースもあります。

　さらに悪質なことに、親の複数ある金融機関の口座のうち１つの口座の預貯金を全部引き出してしまい、もともとその口座自体がなかったかのように他の相続人を欺くケースまであります。

　このように、親のサイフと子供のサイフが入り交じると、相続トラブルの原因になります。こんな場合に、財産管理等委任契約（書）が有効です。

　本人が病気や寝たきりになり、第三者に金融機関や役所への手続きを代行してもらうためには、その都度委任状を作成しなければならず、非常に煩雑です。そこで、手続き全般について包括的な委任状として『財産管理等委任契約書』を作成しておくわけです。

　財産管理等委任契約は、身体が不自由になったとき、自分の財産管理や日常生活の事務について、具体的な内容を決めて第三者に代理権を与える契約です。この契約は、委任者（依頼した本人）と受任者（依頼された人）の合意のみで効力が生じ、内容も自由に定めることができます。

3 病気・要介護状態に備える 『財産管理等委任契約書』

　『財産管理等委任契約書』の内容は、大別して、財産管理と療養看護の２つです。

　財産管理には、銀行・証券会社・生命保険会社との取引、役所の手続き、日常生活全般に関することなどがあります。療養看護には、医療・介護、施設の手続き、要介護認定の申請などがあります。

　この契約書を作成する場合は、「代理権目録」を作成し、委任者が受任者に対して、代理人として行ってもらう権限の範囲を記載します。

　一般的な**代理権目録の例**は、次のようなものです。

１．不動産、動産等すべての財産の管理と保存。
２．銀行・ゆうちょ銀行等すべての金融機関の委任者（本人）名義の預貯金に関する払戻し、預入れ、口座開設、振込依頼、解約、その他すべての取引に関すること。

3．証券会社や保険会社との契約の締結、変更、保険料の支払い、保険金の受領等に関するすべての取引に関すること。
4．生活に必要な物品の購入、家賃、地代、年金その他社会保険給付等定期的な収入の受領および家賃、地代、公共料金等定期的な費用の支出を要する支払いに関すること。
5．登記の申請、供託の申請、住民票、戸籍謄抄本、登記事項証明書の申請、税金の申告・納付等行政機関に対する一切の申請、請求、支払い等に関すること。
6．医療契約、入院契約、介護契約、施設入所契約、ヘルパーとの契約その他福祉サービス利用契約等、委任者（本人）の身上看護に関する一切の契約の締結、変更、解除、費用の支払い等に関すること。
7．要介護認定の申請および認定に対する承認または異議申立てに関する一切のこと。

　この**代理権目録の作成**が、**高齢期の親に代わって子供が節税対策・納税資金対策など相続対策を行う場合**に、**重要なポイント**となります。

　代理権目録には、金融機関名や支店名、病院や老人ホーム名が分かっていればそれらも、具体的に記載したほうがよいでしょう。不動産賃貸業の方であれば、所有するアパートやマンション名、管理会社名や不動産会社名も記載したほうがよいでしょう。

　いつから財産管理等委任契約を発効させるかは、自由に定めることができます。今すぐ誰かに財産を任せたい場合は、契約書の作成日から契約をスタートさせます。あるいは、身体が不自由になってからとか、入院中の短期間だけ任せたいとか、将来本人が必要と判断した時点から有効となるように設定することもできます。

４　誰に代理権を与えるのか

　誰に代理権を与えるのかは、大切な問題です。なぜなら、**代理権**

を与えることが相続の前哨戦となり、与えられた人が相続の際有利な立場になるからです。

　依頼される人（受任者）は自分の子供、あるいは子供のいない人やおひとり様、一人暮らしの人は兄弟姉妹や甥・姪が一般的です。

　適切な人が見当たらない場合、弁護士や司法書士などの専門家に依頼することになります。しかし、法律知識があることと、人生の終活における高齢者の老後の世話とは関係がありませんので、人間的に信頼できるかどうか、見極める必要があります。

　受任者は1人でも複数でもかまいません。子供に財産管理をさせ、ケアマネージャーに療養看護を頼むというように、委任契約によって相手を変えても問題ありません。また、親が遠方で子供がすぐに駆けつけることができない場合には、復代理人を選任する方法もあります。

　報酬については、第三者の場合は有償になります。家族や親族の場合は無報酬にして、遺言書で他の相続人より多く財産を相続させるとよいでしょう。

　受任者には、業務が終了したら、その内容を報告してもらいます。後日お金の支出を説明できるように、領収書やレシートを保管しておき、財産管理について随時報告をしてもらうとよいでしょう。子供や親族が受任者の場合、いい加減なやり方をしていると、将来相続が発生したときに相続トラブルになる可能性があるので、注意が必要です。

　受任者が権利を濫用して勝手な行為を防ぐために、病院に入院中だけとか、税金と家賃の支払いだけ代行してもらうといった風に、委任事項を制限することもできます。また、受任者とは別に財産管理人を置くことも可能です。

⑤　財産管理等委任契約と
　　　任意後見契約の違い

財産管理等委任契約と**任意後見契約**とは、まったく別物です。

任意後見契約は、認知症などで判断能力が低下した場合に利用できる契約です。

財産管理等委任契約は、判断能力に問題はないが、病気や寝たきりなど身体が不自由になってしまったとき、特に有効となる契約です。

◆本人の健康状態と財産管理等委任契約・任意後見契約との関係

健康状態	定年・退職など ➡	身体が不自由になる ➡	判断能力が低下する ➡	死亡
財産管理等委任契約	締結…………開始 ━━━━━→終了			
任意後見契約	締結………………………開始 ━━━━→終了			

◆財産管理等委任契約と任意後見契約との違い

	財産管理等委任契約	任意後見契約
契約できる期間	認知症になる前で判断能力が不十分になるまでの間	認知症になる前で判断能力が不十分になるまでの間
契約の発生時期	契約により自由に決定できる	家庭裁判所が判断能力が不十分と判断し、任意後見監督人を選任したとき
契約の期間	判断能力が不十分になるまで（委任者の後見開始まで）	死亡するまで
公正証書	特段の定めなし	必要
監督人	特段の定めなし	必要

　財産管理等委任契約は任意後見契約とセットで締結し、公正証書で契約書を作成するとよいでしょう。そして、任意後見が始まるまでの間『財産管理等委任契約書』で見守り、認知症などが発生し判断能力が低下したとき『任意後見契約書』に切り替えて本人を見守っていく、という使い方が最もよいでしょう。

　余談ですが、一部の金融機関では、『財産管理等委任契約書』について認知度がまだまだ低いです。実際に筆者が聞いた話ですが、金融機関に出向いて『財産管理等委任契約書』を見せたところ、3時間も待たされたあげく、「1週間後に再度来てください」と言われてしまいました。やむをえず再度出向いたところ、金融機関がようやく内容を理解し、生前贈与の手続きをされたそうです。

　また、金融機関では『財産管理等委任契約書』と『任意後見契約書』の区別がつかないこともあるようです。したがって契約書を作成したら、本人（委任者）と依頼された人（受任者）がいっしょに金融機関に出向いて、「今後は受任者が手続きをしますから」と挨拶をしておくとよいでしょう。

　繰り返しになりますが、**高齢期になったら元気なうちに財産管理等委任契約と任意後見契約をセットで締結し、病気や介護・認知症に備えるとよい**でしょう。しかし、実際に相談に来られる人は、老人ホームに入所してから、あるいは要介護認定を受けてから、という人が圧倒的に多いです。

　相談者の中には、既に認知症などで、財産管理等委任契約も任意後見契約もできない人もいます。**思い立ったときが実行する最善のとき**です。遅すぎる財産管理契約は、相続で悲劇を生みます。

Ⅳ 判断能力が低下したら『任意後見契約書』

ポイント

　任意後見契約は移行型で締結。任意後見人に依頼できない業務は本人への介護行為、身元保証、医療行為の同意、延命治療の指示、死後事務の5つ。後見人の業務は本人の死亡と同時に終了。

1 高齢者の4人に1人が認知症

(1) 高齢者の約4人に1人が認知症

　認知症などによる財産管理や生活トラブル、そして近い将来の相続トラブルを未然に防ぐ効果があるのが、任意後見契約です。相続トラブルは、死後に原因があるわけではありません。生前にその原因があり、結果として死後に相続トラブルが起きるのです。

　厚生労働省の 2015 年 1 月の発表によると、日本の認知症患者数は 2012 年時点で約 462 万人で、65 歳以上の高齢者約 7 人に 1 人と推計されています。認知症の前段階とされる MCI（軽度認知障害）とされる約 400 万人と合わせると、**高齢者の約4人に1人が認知症あるいはその予備軍**ということになります。85 歳以上となると、40％以上の人が認知症と診断されており、決して他人事ではありません。

　国立研究開発法人国立がんセンターによると、同 2015 年のがん患者は 135 万人です。つまり、認知症の患者数は、がん患者の 5 倍

という、驚くべき数字となっています。

（2）認知症ともの忘れは異なる

認知症の症状として、「もの忘れ」があります。

歳を取ると誰でも、人やモノの名前がとっさに出てこない、ということがよくあります。これは単なる「加齢によるもの忘れ」で、医学的には良性健忘といいます。

「認知症によるもの忘れ」は、アルツハイマー病や脳梗塞など脳に起きる病気によって引き起こされる症状です。高齢期に自然に起こるものではなく、病気の症状として区別すべきものです。

加齢によるもの忘れと、認知症によるもの忘れの違いは、次のとおりです。

◆もの忘れの違い

加齢によるもの忘れ	認知症によるもの忘れ
行為や出来事の一部を忘れる	行為や出来事そのものを忘れる
思い出すのに時間がかかる	新しいことがまったく覚えられない
時間や場所は見当つく	時間や場所が分からない
日常生活は送ることができる	日常生活に支障が出る
「自分が忘れやすくなった」と自覚している	「自分が忘れている」という自覚がない

認知症は、大きく分けて「アルツハイマー型認知症」「レビー小体型認知症」「脳血管性認知症」の3つのタイプがあります。最も多いのがアルツハイマー型認知症で、認知症全体の約50％も占めます。「アミロイドベータたんぱく」や「タウたんぱく」という異常なたんぱく質が脳に蓄積し、脳の神経細胞にダメージを与えることによって起こるといわれています。

　アルツハイマー病であることを自ら公表した有名人には、元アメリカ合衆国大統領ロナルド・レーガンや、俳優のチャールトン・ヘストンなどがいます。イギリスの元首相マーガレット・サッチャー、日本では女優の南田洋子さんなども認知症でした。

　高齢者に介護や医療が必要となる要因は、高齢による衰弱、骨折や転倒、関節疾患、脳血管疾患（脳卒中）、認知症ほか数多くありますが、そのうち認知症や脳血管疾患（脳卒中）が約40％を占めています。

（3）認知症による徘徊と事故

　認知症の他の症状として、徘徊（はいかい）が挙げられます。

　警察庁によれば、認知症を原因とする行方不明届＊が、年々増加しています。

　2018年には、徘徊中、自動車にはねられてしまうなどして亡くなった方は、508人にものぼったとのことです（上記注・警察庁資料）。

　認知症による徘徊中の事故として有名なのが2007年、愛知県大府市で起きた死亡事故です。認知症の男性（91歳、要介護、認知症高齢者自立度4）が線路に入り、電車にはねられ亡くなりました。遺族はJR東海より、事故による損害賠償を請求され、最終的に逆転勝訴にいたるまで、9年もの月日を裁判に費やすことになってしまいました。

　なお、この判決（2016年）以後、増加する認知症患者による事

　＊なお、認知症による行方不明者は、行方不明届受理当日に約7割が所在確認されるなど、比較的早期に所在が確認される傾向にあります（警察庁「平成30年における行方不明者の状況」）。

◆認知症による行方不明者数（人口10万人当たり）

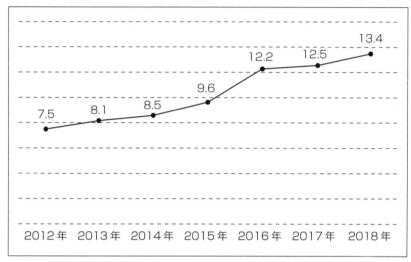

（警察庁「平成30年における行方不明者の状況」より抜粋・改変）

故対策として、地方自治体で、認知症患者が起こした事故の損害賠償をカバーする保険制度が導入されています。事故現場となった愛知県大府市をはじめ、栃木県小山市、東京都葛飾区、神奈川県大和市、海老名市、岐阜県本巣市、福岡県久留米市ほか、各自治体に広がっています。

　万が一の際にはありがたい動きですが、そもそもこのような事態に陥らないよう、今から考えておくことが、なにより大切です。

(4) 誰が認知症の人の後見人になるのか

　厚生労働省「平成30年 国民生活基礎調査の概況」によると、日本全国の世帯のうち、65歳以上の高齢者世帯は1,406万世帯（全世帯の27.6％）とのことで、実に4軒に1軒が高齢者世帯となっています。

　高齢者世帯のうち、単独世帯（＝おひとり様／一人暮らしの世帯）は683万世帯、夫婦のみの世帯（＝子供はいない／いるが同居していない世帯）は665万世帯です。

　この単独世帯の高齢者にとって、近い将来**認知症などになった場合、誰が後見人となって面倒をみるのか**という問題が生じます。

　これに備えるのが『任意後見契約書』です。

　要介護者は、70歳以上では90.6％を占め、最も多いのは85〜89歳の24.6％です。また、介護が必要となった主な原因は、脳血管疾患（脳卒中）が21.7％、認知症が21.4％と多く、重い要介護ほどその割合が高くなっています。

◆要介護者の年齢（年次推移）

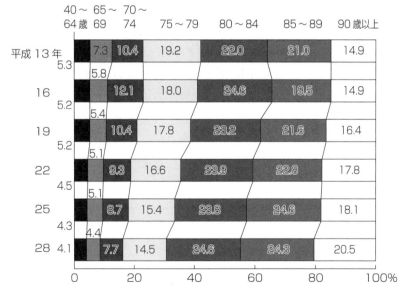

注：平成28年の数値は熊本県を除いたもの。

（厚生労働省「平成30年 国民生活基礎調査の概況」より）

　要介護者の面倒をみる主な介護者は、配偶者が 25.2％で最も多く、次に子供 21.8％、子供の配偶者が 9.7％、別居の家族等が 12.2％、事業者が 13.0％となっています。つまり、いわゆる「老老介護」や、認知症の人が認知症の人を看る「認認介護」が一番多いのです。

　子供のいない夫婦の場合、夫婦とも要介護状態になり、さらにパートナーに先立たれて独りになってしまったら、介護手続や、入院手配などの療養看護は、一体誰に頼めばよいのでしょうか？

　おまけに、認知症は高齢者だけの病気ではありません。65 歳未満の場合は「若年性認知症」と呼ばれ、老年性の認知症よりも早く進行し、症状も重くなることもあります。

② 認知症に備える『任意後見契約書』

（1）任意後見契約とは

　2000 年 4 月、介護保険制度のスタートと同時に、成年後見制度も実施されました。成年後見制度とは、認知症の高齢者、知的障害者、精神障害者など判断能力が不十分な方を保護し、その人たちが人間として尊厳を保って生きていけるようにするものです。

　成年後見制度は、法定後見と任意後見の 2 つに分かれ、法定後見も任意後見もさらに各々 3 種類に分かれます。

◆後見制度の体系

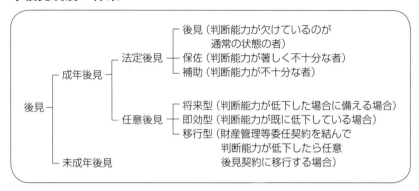

　法定後見は、判断能力が既に失われたか、または判断能力が不十分なために自分で後見人を選ぶことができないか、その能力が乏しい人のための制度です。一方、**任意後見**は、判断能力がある人、不十分でも自分で後見人を選任する能力がある人のための制度です。

　任意後見（契約）には将来型、即効型、移行型の３種類があります。

　将来型とは、将来判断能力が低下した場合に備えて任意後見だけを結ぶ契約です。

　即効型とは、既に判断能力が低下しているので、すぐに契約を発効させる方法です。

　移行型とは、本人の判断能力があるうちに、あらかじめ財産管理等委任契約を結んでおき、判断能力が不十分になった時点で任意後見契約にスムーズに移行して、発効させる方法です。

　任意後見契約は、認知症などで判断能力が不十分になったとき、事前に本人が依頼しておいた後見人に日常生活、財産管理、療養看護などの手続きを委託する契約です。

　では、なぜ任意後見契約が必要になるのでしょうか？

実際にあった話ですが、父親の不動産を売却しようとしたところ、契約当日に不動産業者と司法書士から「認知症の人とは取引ができない」と言われた人がいました。また、金融機関で定期預金を解約しようとしたら、本人の意思確認ができないことを理由に断られた人もいます。

高齢期になると、振り込め詐欺に騙されたり、高額な健康食品や羽毛布団を悪徳業者に売りつけられたりすることもあります。最近、テレビなどでごみ屋敷がよく登場しますが、これも往々にして、認知能力の衰えによるものです。

このように、認知症などで判断能力が低下すると、自分で自分の生活や財産管理ができなくなってしまいます。任意後見契約が必要となる理由が、ここにあります。

（2）任意後見と法定後見の違い

◆任意後見と法定後見の主な違い

	任意後見	法定後見
始　期	判断能力が十分あるとき	判断能力が低下してから
後見人の選任	**本人が決める**（自分の希望する人を後見人にできる）	**家庭裁判所が決める**（自分の希望しない人が後見人になることもある）
後見人の報酬	本人と受任者で決める	家庭裁判所が決める
監督人の選任	家庭裁判所が決める	家庭裁判所が決めることもある
自宅の処分	任意後見監督人の同意は不要家庭裁判所の許可も不要	家庭裁判所の許可が必要

　表のように、任意後見と法定後見の大きな違いとして、任意後見
では事前に自分の希望する人を後見人にできるのに対し、法定後見
では自分で後見人を選ぶことができず、希望しない人が後見人にな
るおそれがあることがあげられます。つまり、**任意後見は自分で後
見人を決める「自力本願」であり、法定後見は判断能力が不十分に
なってから決めてもらう「他力本願」の方法**なのです。

　たとえば、「自宅を売却して老人ホームに入るから何とかなる」
と考えていても、認知症になってしまったら、自分で自宅の処分は
できません。この場合、家庭裁判所に申立てをして、法定後見人を
選任し、家庭裁判所の許可を取ってから自宅を売却しなければなら
ず、手間と時間がかかります。

　また、老人ホームや医療施設に入居するためには身元引受人が原
則として２名必要になり、さらに入居の契約手続やお金の支払いも
必要です。その際、誰が保証人になり手続きをするのかを、自分が
元気なうちに決めておきたいものです。

　こういったときに考えてほしいのが、『任意後見契約書』です。

　最高裁判所事務総局家庭局「成年後見関係事件の概況（平成30
年１月〜12月）」によると、**成年後見の主な申立ての動機は、預貯
金等の管理・解約が最も多く**（42.0％）、次いで身上監護、介護保
険契約、不動産の処分、相続手続と続きます。

　また、平成30年度の成年後見の申立て総件数は36,549件で、こ
のうち任意後見監督人選任は764件（2.1％）でした。任意後見は、
法定後見に比べ利用者が少ないことが分かります。本人が「高齢期
になっても何とかなる」と他力本願になり、認知症などに備えるこ
とをせず、見かねた周囲の人たちが法定後見の申立てをする様子が
垣間見えます。

(3) 後見人に頼めることは何か

◆任意後見制度の流れ

❶ 委任者（本人）に判断能力があるうちに、受任者（子供、甥・姪・第三者等）と依頼する内容を決定

❷ 公証役場で公正証書を作成し、法務局で任意後見契約を登記

❸ 認知症等により判断能力が低下したら、任意後見人等が、家庭裁判所へ任意後見監督人の選任を申立て

❹ 家庭裁判所が任意後見監督人を選任し、任意後見契約を発効

❺ 任意後見人が、委任者（本人）の財産管理ほか生活全般をサポート

❻ 本人の死亡と同時に、任意後見契約が終了

　任意後見人に頼めることは、本人の日常生活全般と財産管理、療養看護です。**具体的な委任事項**については『**任意後見契約書**』の「**代理権目録**」に記載します。

　銀行や郵便局など金融機関には、「成年後見制度に関する届出書」を提出します。不動産や動産に関してはほとんど代理でき、本人の居住用不動産（自宅）を処分する場合でも、任意後見監督人の同意は不要、家庭裁判所の許可も不要です。ちなみに、法定後見の場合は、居住用不動産を処分するのに家庭裁判所の許可が必要となります。

　医療や入院契約に関する手続き、要介護認定の申請など、必要な

◆任意後見契約書の代理権目録の例

```
1．不動産、動産等すべての財産の保存、管理及び処分に関する事項
2．銀行等の金融機関、証券会社、保険会社等とのすべての取引に関
　　する事項
3．定期的な収入（家賃、地代、年金等）の受領及びこれに関する事
　　項
4．定期的な支出（家賃、地代、公共料金、保険料、税金等）の支払
　　及びこれに関する事項
5．生活に必要な送金、物品の購入、代金の支払、その他日常生活に
　　関連する取引に関する事項
6．医療契約、入院契約、介護契約（介護保険制度における介護サー
　　ビス利用契約・ヘルパー・家事援助者等の派遣契約を含む）その
　　他福祉サービス利用契約、福祉関係施設入退所契約に関する事項
7．要介護認定の申請及び認定に関する承認又は異議申立てに関する
　　事項
8．登記済権利証、預貯金通帳、有価証券又はその預り証、印鑑、印
　　鑑登録カード、各種カード、年金関係書類、重要な契約書類の保
　　管及び各事務処理に必要な範囲内の使用に関する事項
9．居住用不動産の購入、賃貸借契約並びに住居の新築・増改築に関
　　する請負契約に関する事項
```

手続き全般を、任意後見人は代理できます。

　このように、任意後見人が本人の財産を管理し、預貯金通帳や印鑑、登記済権利証など重要な書類を保管することで、本人がお金を浪費したり、振り込め詐欺や悪徳商法にひっかかってしまうのを防ぐことができます。また、老人ホームに入居する際に自宅を売却したり、病気や介護でまとまったお金が必要になったときの定期預金や有価証券の解約を、本人に代わって行うこともできます。

（4）介護・認知症にまつわる相続はよくもめる

　要介護状態や認知症の親のいる家庭は、相続でよくもめます。争いの原因は、**誰が親の面倒をみたかということ**と、**誰が親のお金を管理していたかということ**です。

介護や認知症で親の面倒をみていた子供は、相続の際、その分余分に遺産を要求します。また、親のお金を管理していた子供は、親のお金を無断で使用してしまうケースがよくあります。親のお金を管理していただけで、他の兄弟姉妹に白い目で見られ、遺産分割協議が難航することもあります。

しかし、任意後見契約を締結して、子供が財産管理や療養看護に関して契約書や領収書をきちんと保管しておけば、他の兄弟に対して説明し証明しやすくなり、相続トラブルを防ぐことができます。しかも、第三者である任意後見監督人に対して定期的に報告しなければならないので、信頼性も高まります。

最近では、高齢者夫婦による「老老介護」や、親が精神障害や知的障害の子供を面倒みているケースも多くなっています。このような場合に『任意後見契約書』を活用するとよいでしょう。

たとえば、認知症の夫の世話を妻が行っている場合、まず妻が、判断能力があり元気なうちに、任意後見契約を締結します。その後、妻が認知症などで判断能力が低下したら、妻の任意後見人が、夫の法定後見人を選任する手続きを家庭裁判所に申し立てます。あるいは、当初から夫と妻に同じ任意後見人を付けておく方法もあります。

夫も妻も、認知症などになる前に、遺言書を作成しておく必要があります。なぜなら、本人が認知症などで判断能力が低下している場合、遺産分割協議に参加できず、相続がスムーズにできなくなるおそれがあるからです。

(5) 後見人に頼んでもできない5つの問題

本人が任意後見人に依頼できないことは、**本人（委任者）への介護行為、身元保証人や身元引受人になれないこと、医療行為の同意、延命治療の指示、死後事務の委任**の5つとされています。

任意後見人は、病気入院や介護契約を締結し手配することはあり

ますが、本人のために介護をすることはありません。ただし、介護ヘルパーに本人の生活状況について報告を求めたり、医療関係者に説明を受けたりする療養看護義務はあります。

　病院に入院するときや、老人ホーム・介護施設へ入所する際に、「保証人」を2名求められることがあります。しかし**任意後見人は保証人にはなれません**。なぜなら、任意後見人とはあくまで本人の代理人であり、いわば本人そのものだからです。したがって、別に保証人を立てる必要があります。

　親族以外の第三者に保証人を頼む場合には、原則として任意後見人1人・保証人1人の最低2人に、別々に依頼する必要があります。ただし、老人ホームなどによっては、遺言書や任意後見契約書を用意していれば、保証人なしで入所できる施設もあります。

　医師が本人への重大な手術をする場合は、本人の同意が必要です。しかし、本人が認知症などで同意する能力がない場合、任意後見人は保証人の場合と同じ理由で同意権がありません。

　したがって、認知症などで判断能力のないおひとり様や子供のいない夫婦は、医療行為が受けられないこともあります。

　また任意後見人は、本人が脳死状態になった場合、「延命治療をしない」という指示についても、医療行為の同意と同じ理由で同意する能力がありません。別途『尊厳死宣言書』を、本人が元気なうちにあらかじめ作成しておく必要があります。

　任意後見契約は、本人が生きているときの財産管理などを目的とした契約であり、本人の死亡と同時に終了します。葬儀、納骨、永代供養、遺品整理など死後事務を希望する場合は、別途『死後事務委任契約書』を、前もって作成しておく必要があります。

　なお、任意後見人には、法定後見人の持つ取消権がないという問題点もあります。

とはいえ、本人が認知症などになる前、まだ元気なうちに『任意後見契約書』『尊厳死宣言書』『死後事務委任契約書』を作成することが重要です。

(6) 一体誰に任意後見人を頼むべきなのか

任意後見人の依頼先には、子、甥・姪、兄弟姉妹などの親族、弁護士や司法書士などの専門家、法人などがあります。**大半は親族が受任者**となっています。

前掲の最高裁判所事務総局家庭局「成年後見関係事件の概況（平成 30 年 1 月～ 12 月）」によると、親族が成年後見人などに選任された割合は 23.2％（親族以外の第三者が成年後見人などに選任された割合は 76.8％です。親族以外が後見人になる割合は、年々増加しています。成年後見人などと本人との関係別割合では、子供（52.0％）、兄弟姉妹（15.3％）、甥・姪などその他親族（16.6％）、配偶者（8.5％）、親（7.6％）です。親族以外の第三者の職業後見人では、司法書士（37.7％）、弁護士（29.2％）、社会福祉士（17.3％）、その他法人（5.6％）などとなっています。

親族を任意後見人にするメリットは、本人の性格や好みをよく知っていることにあります。認知症などで判断能力が低下したとしても、自分の意思を尊重してもらいやすいはずです。一方デメリットは、財産を使い込むおそれがあることです。**任意後見人だけが財産を管理できるので、「誰が後見人になるか」ということが相続の前哨戦となります**。ですから、遺言書と任意後見契約書は、必ずセットで作成しましょう。

職業後見人を任意後見人にするメリットは、事務処理能力が高いことです。しかし、認知症などの高齢者の世話をすることと、法律

知識の有無は、関係がありません。弁護士、司法書士、社会福祉士などが、委任者の財産を使い込んでしまった、という不祥事も少からずあります。たとえば 2016 年 10 月には、認知症高齢者 3 人の預貯金 1 億 1,200 万円を横領した元弁護士に対し、実刑判決が言い渡されています。また、任意後見人が法人であると、担当者が契約期間中にコロコロと代わることがあり、担当者によって対応が変わるというデメリットがあります。

　法定後見人の場合は、任意後見人と違って後見人を選任するのは家庭裁判所であり、自分の親族に後見人になってほしいと思っていても、自分の希望するとおりに選任されるとは限りませんので、注意が必要です。

　おひとり様や、子供のいない夫婦、一人暮らしの人の場合、「誰に後見人を頼むべきか」という悩ましい問題が必ず生じます。この問題に解決策を見出せないまま時間が過ぎていく人、後見人は心の中で決めているがなかなか言い出せない人、病気や認知症などになっても、また死んでも何とかなると開き直っている人もいます。あるいは、子供が遠方であてにならないと思っている人、子供に迷惑をかけたくない、世話にはなりたくないという人もいるでしょうし、兄弟姉妹や甥・姪だけには頼みたくないという人もいるかもしれません。

　最も重要なことは、「誰に」「何を」頼むのかということを、自分が元気で、必要性を感じたときに、ただちに準備し、決断し行動することです。受任者は子、甥・姪といった親族なのか、もしくは親族以外の第三者なのか。日常生活全般、財産管理、療養看護についても具体的に、かつ速やかに決めて、実行しましょう。

　任意後見人の報酬は、本人と受任者で決めます。親族の場合は報

酬をゼロにして、その代わりに相続財産を他の相続人よりも多く相続させるよう、遺言書に記載しておくとよいでしょう。

　親族以外の第三者への報酬は、月額2〜5万円程度が多いです。報酬とは別に、任意後見人が契約内容を実行する際の交通費などの実費は、委任者が負担します。

　ただし、任意後見契約において、認知症などで判断能力が低下しない場合は契約が発効しないので、報酬も発生しません。

（7）いつ任意後見契約がスタートするのか

　任意後見契約を締結しても、その日からただちに効力を生じるわけではありません。**本人が認知症、精神障害、知的障害などによって判断能力が不十分になったとき、家庭裁判所に任意後見監督人の選任申立てをすることで、スタートします**。家庭裁判所に申立てができるのは、任意後見人、配偶者、四親等内の親族で、本人に判断能力があれば本人でも可能です。申立てをするときは、医師の診断書を提出し、家庭裁判所の調査官が本人と面談をして、問題がなければ任意後見監督人が選任されます。

　任意後見監督人は、任意後見人が財産を勝手に使い込んだりしないように監督します。家庭裁判所の名簿に登録されている、弁護士や司法書士の中から選任されます。任意後見監督人への報酬は、家庭裁判所が決定し、委任者の財産から月額1〜3万円程度が支払われます。

　任意後見人は、委任者の預金通帳などを管理し、収入・支出の記録をつけ、領収書や契約書を整理・保管し、3〜6か月に1回、任意後見監督人に報告する義務があります。

　任意後見契約の公正証書が作成されると、公証人は法務局に任意後見契約の登記を嘱託します。これにより任意後見人は、氏名や代理権の範囲を記載した「登記事項証明書」を発行してもらい、代理

権を証明することが可能となります。金融機関や不動産会社などとの取引において、この登記事項証明書を見せることで、相手側も納得し、滞りなく取引ができます。

　このように、認知症などになった場合に欠かせないのが『任意後見契約書』です。

　なお、既に認知症などで判断能力が不十分になっており、任意後見契約を締結していない場合は、法定後見制度を利用することとなります。

（8）遺言書と『任意後見契約書』などはセットで作成しよう

　任意後見契約を締結しても、この契約が実際にスタートするのはいつのことか分かりません。10年後か20年後か、あるいは一生涯使わない可能性もあるかもしれません。同居の親族が任意後見人になる場合はよいのですが、親族でない第三者の場合、契約後に委任者と会う機会がほとんどなくなるので、委任者が認知症などになって判断能力が低下したかどうかを判断できないことがあります。

　そこで、**任意後見契約が発効するまでの間、本人の身体状態を把握するために定期的な電話や面談にて確認してもらう「見守り契約」を利用する**という方法が考えられます。

　ほかにも、任意後見契約しか締結していないと、たとえば急な病気で入院したり、階段で転んで寝たきりになって金融機関でお金の出し入れができなくなったりして、必要な手続きができないおそれがあります。任意後見契約がスタートするまでの間に身体が不自由になって、財産管理や療養看護が十分にできない場合に利用するのが、財産管理等委任契約です。

　任意後見契約と財産管理等委任契約の2つの契約をいっしょに締

結することによって、本人の判断能力は十分あるが**寝たきりや病気などで身体が不自由なときは財産管理等委任契約で対応し、認知症などで判断能力が不十分になった時点で任意後見契約を発効させる**と万全です。この方法を「任意後見契約移行型」といいます。任意後見契約が発効した時点で、財産管理等委任契約は効力を失います。

任意後見契約は、本人が亡くなると終了します。本人の死後、葬儀や納骨、役所や金融機関の手続き、遺品整理など、やらなければならないことがたくさんあります。自分の死後、散骨や樹木葬をしてほしい、永代供養をしてほしい、自分らしい最後にしたい、誰にも迷惑をかけたくない、子供に経済的な負担をかけさせたくない、などと考えているなら、『死後事務委任契約書』が必要になります。

エンディングノートにいくら素晴らしい人生終活プランを書いても、それを実行する人がいなければ、ムダになります。死後事務に関する報酬は契約書に記載しますが、本人の遺産の中から支払うのか、あるいは相続人が支払うのか、どちらかになります。

まとめると、**生前の財産管理などを目的とするのが『財産管理等委任契約書』と『任意後見契約書』で、死後の財産の配分や処分を目的とする遺言書とは表裏一体**という密接な関係にあるといえます。遺言を実効性のあるものにするためには、生前の財産管理が非常に大切です。

◆任意後見契約移行型

生前の財産管理		死後の財産処分
寝たきり、要介護状態ほか、身体が不自由になったとき	認知症などにより、判断能力が低下したとき	死亡してから
財産管理等委任契約	任意後見契約	遺　　言 死後事務委任契約

延命治療をしないようにする『尊厳死宣言書』

ポイント

> 延命治療をしないようにするためには医師２名の同意が必要。そのためには公正証書で『尊厳死宣言書』を作成すること。

1　なぜ終活に『尊厳死宣言書』が必要なのか

　がんなどで、自分が余命６か月以内で回復の見込みがない場合、「髪の毛が抜け落ちた、治療が苦しい」といった理由で延命治療を望まない人は多いと感じます。また、交通事故などで回復の見込みのない末期状態（脳死状態）になったような場合も、単なる生命維持のための治療を差し控えてほしい人もいるでしょう。しかしながら、そのとき本人が何の準備もしていなければ、その希望はかなえられません。

　現在の日本では**尊厳死の法律は整備されておらず**、家族や本人が「苦しいから延命治療をやめてほしい」と**医師に頼んでも**、刑事・民事責任を問われるおそれがあるので、**延命治療をとりやめる医師はいない**のが現状です。

　そのため、『尊厳死宣言書』が必要になってきます。

　筆者が兵庫県の病院に高齢者を見舞いに行ったときの話です。脳卒中で倒れ、数年前から入院している本人に話しかけても、意思表示ができず、会話もままならない状態でした。高齢者はいつ倒れ、いつ意識が不明になってしまうか分かりません。元気で判断能力が

あるうちに、遺言書といっしょに『尊厳死宣言書』を作成すべきであると感じました。

　尊厳死は、病気や事故などで回復見込みのない末期状態になった患者に対して、「生命維持治療を中止して、人間としての尊厳を保たせつつ死を迎えること」です。

　そして『尊厳死宣言書』は、本人がまだ元気なうちに、自分の意思で、尊厳死を望む旨を医療関係者（医師・看護師）や家族に伝える書面です。

　延命治療は、一般に回復の見込みがなく、死期が迫っている終末期の患者に、人工呼吸器の装置や心肺蘇生装置を付けたり、点滴で栄養補助をしたりして「生命を維持するだけ」の医療行為です。ただ、明確な定義はなく、どこまでが救命治療で、どこからが意味のない延命治療なのか、実際に判断することは困難です。

　延命治療例として、自力で呼吸ができなくなった場合の、人口呼吸器が代表的です。他には、食事が口から摂れなくなった場合の、鼻から細い管（チューブ）を通して栄養を送り込んだり、直接胃に小さな穴を開けて栄養を送り込む「胃ろう」という経腸栄養法や、胃や腸に栄養を送ることができない場合に、血液に栄養を直接流し込む静脈栄養法が知られています。

　これらの延命治療は、患者本人だけではなく、その家族にとっても抵抗があるものです。またこれらは医療費の負担が重く、経済的な問題にもなります。

　このように、延命治療には考えるべきことがいくつかもあり、いきなり家族などに判断を迫られても、すぐに結論を出すことができないものです。生前に『尊厳死宣言書』を作成し、家族などへ意思表示しておくべきでしょう。

2　尊厳死と安楽死は異なる

　一般社団法人日本尊厳死協会が登録・管理している「リビング・ウイル」（同協会の、終末期医療における事前指示書。詳しくは後述）においては、「数か月以上にわたって植物状態に陥ったときは、一切生命維持装置を外してほしい」という内容も含まれています。一方で、公証役場で作成する『尊厳死宣言書』では、植物状態は尊厳死に含まれません。植物状態は脳の一部が機能しているため脳死状態ではなく、これを尊厳死の対象と認めるかは意見が分かれています。

　尊厳死とよく似たものに「安楽死」があります。安楽死は、苦痛を長引かせないよう、自らの意思で意図的に死をもたらすことです。薬物を使うなどして死期を早めることを積極的な安楽死、治療の中止により死期を早めることを消極的な安楽死と呼ぶこともあります。日本では積極的な安楽死は法的には認められてはおらず、これを行った場合、刑法上の殺人罪の対象となります。

　安楽死で有名なのが、東海大学安楽死事件です。1995年3月横浜地裁の判決では、家族の要請を受け末期がんの患者を安楽死させた医師が、殺人罪に問われました。

　この判決において、安楽死が認められる要件として、次の4つが挙げられました。

①患者が耐え難い激しい肉体的な苦痛に苦しんでいること。
②患者の病気は回復の見込みがなく死期の直前であること。
③患者の肉体的苦痛を除去・緩和するための可能なあらゆる方法で取り組み、その他の代替手段がないこと。
④患者が自発的意思表示により、寿命の短縮、今すぐ死を要求していること。

　同様に、川崎協同病院事件では、2009年12月、最高裁判決は主治医を殺人罪としました。これは、同病院で主治医が患者の気管内チューブを抜き、筋弛緩剤を投与した、という事件でした。

　2つの事件から分かることは、**尊厳死は患者本人が元気なうちに意思を表明しておかなければ実行できない**ということです。アメリカでは、入院時に"living will"（リビング・ウィル。終末医療等に関する意思表示）を表明するかどうか尋ねられますが、日本では公正証書による『尊厳死宣言書』が必要になります。

　安楽死（積極的安楽死）を認めている国には、スイス（1942年）、オランダ（2001年）、ベルギー（2002年）、フランス（2005年）、ルクセンブルク（2008年）などがあります。アメリカでは州によって異なり、オレゴン州（1994年）、ワシントン州・モンタナ州（2009年）、バーモント州（2013年）、ニューメキシコ州（2014年）、カリフォルニア州（2015年）などが認めています。

３　『尊厳死宣言書』の書き方

　尊厳死の法律がないため、『尊厳死宣言書』に決まった書き方があるわけではありません。

　まず、本人自ら「尊厳死を希望する意思」を表明します。次に、「延命治療を拒否し、苦痛を和らげる程度の措置にとどめ、人間としての尊厳を保ったまま尊厳死を迎える」という希望を、家族や医療関係者（医師・看護師）に表明します。

　また、尊厳死を望む理由として、たとえば「兄弟ががん治療により髪の毛が抜け落ち、体がやせ細り、その姿は見るに忍びなく、身内として早く楽にしてあげたかっという体験から」「がん治療は健康保険の適用対象外のため、非常に高額な医療費を支払うこととな

り、家族の経済的負担が大きかったため」……などと書くとよいでしょう。

　日本尊厳死協会の「尊厳死の宣言書」（リビング・ウイル）では、家族の同意は必要ありません。しかしそれでは、宣言書を作ってあるが家族が延命措置の停止に反対という場合、医師は家族の意向を無視できません。

　『尊厳死宣言書』では、「同意が必要な家族」の範囲は決まってはいませんが、配偶者、子供、甥や姪など親族の同意を得ることが望ましいです。

　筆者がお勧めする方法は、**公正証書にて『遺言書』と『生前契約書』をセットで作成し、「生前契約書の後見人になった人」の同意を、『尊厳死宣言書』でも得るようにすること**です。

　最も注意すべきは、家族や医療関係者が、刑事や民事の責任を問われないようにすることです。前述の東海大学安楽死事件と川崎協同病院事件において、医師が殺人罪に問われてしまったことからもお分かりのように、特に医師に対して刑事・民事責任を免責する記載が必要です。

　最後に、この『尊厳死宣言書』は、本人が心身とも健全な状態にあるときに作成したことを明記しておくとよいでしょう。

　『尊厳死宣言書』は、公正証書の謄本を２通作成して、１通は本人が所持し、もう１通は後見人等が保管します。

　本人の意識がはっきりしている状態で入院する場合は、本人が医師や看護師に『尊厳死宣言書』を手渡します。自分が意識不明な状態で入院する場合は、後見人等が医療関係者に手渡すようにするとよいでしょう。

4　日本尊厳死協会の「リビング・ウイル」

　日本尊厳死協会は1976年に創設され、尊厳死宣言書を登録・保管しています。その登録者数は約11万人です（2016年）。年会費は2,000円（夫婦は3,000円）です。登録は、日本尊厳死協会から郵送された文書に署名し、2,000円を支払った後、送付するだけと簡単です。

　しかし、日本尊厳死協会の「リビング・ウイル」は3つの点で不十分である、と筆者は考えます。

　1つ目は、前段でも述べたとおり、日本尊厳死協会の「リビング・ウイル」は家族の同意を得ない、という点です。

　2つ目は、医師や家族に対する刑事・民事の免責条項がない点です。

　そして最も重要な3つ目は、事前指示書に自署と押印をするのですが、本人確認のための実印と印鑑登録証明書の添付がなく、日本尊厳死協会が本人と面談することもなく、本人の意思確認が一切なされていない点です。

　ゆえに、公証役場で宣言書を作成した方が望ましい、と筆者は考えます。

　『尊厳死宣言書』は、必要書類も共通しているので、**遺言書および『財産管理等委任契約書』『任意後見契約書』『死後事務委任契約書』とセットで作成**すると効率よく作成することができ、費用も安くなります。

 # 孤独死と『見守り契約書』

　おひとり様、子供のいない夫婦、一人暮らしの人の孤独死を防ぐ手段は、『財産管理等委任契約書』『任意後見契約書』、さらに『見守り契約書』の３つを作成すること。

1　なぜおひとり様は孤独死が多いのか

　女優の大原麗子さんが2009年８月、自宅で亡くなりました（享年62）。発見されたとき既に３日を経過しており、携帯電話までわずかな距離で倒れていたということです。もしこのとき、携帯電話に手が届いて電話をかけていれば、死なずにすんだかもしれません。

　2008年12月には、元タレントの飯島愛さんが、自宅マンションで死の１週間後に発見されました（享年36）。

　2012年３月には、元キャスターでタレントの山口美江さんが、自宅で亡くなりました（享年51）。親戚の女性が山口さんの自宅を訪ね、亡くなっているのを発見しました。その際、２匹の愛犬が亡くなった山口さんの周りをグルグル回っていたといいます。山口さんの独身生活の最期を看取ったのは、２匹の愛犬でした。

　2018年３月には、歌手の北島三郎さんの次男で、ミュージシャンの大野誠さんが、やはり自宅で亡くなっているのを発見されました（享年51）。服を着たまま倒れており、死後１週間経過していたそうです。北島三郎さんは「子供に先立たれるつらさを身にしみて

感じました」と涙をぬぐったと、報道されています。

このように、芸能人の最期をめぐって「孤独死」という言葉がマスコミでクローズアップされ始めています。

孤独死とは、自宅で1人暮らしの人が、誰にも看取られることなく、その死後発見されることをいいます。行政では孤独死を「孤立死」と呼び、また一部マスコミでは、独居者が誰にも看取られずに死後発見された場合を「孤独死」、特に家族との断絶を強調する場合は「孤立死」と使い分けているようです。本書では孤独死を基本とします。

② 年間2万6千人、1時間に3人が孤独死

民間の調査会社、ニッセイ基礎研究所の「高齢期の社会的孤立の予防策」という資料においては、「明確な定義はないが、死後2日以上等経過して発見される死亡」を「孤立死」としています。同資料の独自推計によれば、2011年時点で、日本中で年間2万6千人の高齢者が「孤立死」しているとのことです。1時間に3人が孤独死しているということになります。

東京都監察医務院の「東京23区における孤独死の実態」という報告書では、孤独死を「異状死のうち、自宅で死亡した一人暮らしの人」と定義しています。

同報告書から、一例を見てみましょう。

> 70歳の男性。死者は独身で兄弟はいるが、ずっと会っていないという。
> 隣人が腐ったような臭いが日々増していること、部屋の明かりが付けっ
> ぱなしになっているのを不審に思い110番したことで発見された。死
> 後10日くらい経っていたため、解剖によっても死因は不明とせざる
> を得なかった。

　実に生々しく、孤独死という最期を伝えています。

◆東京都23区における男女別の孤独死発生件数

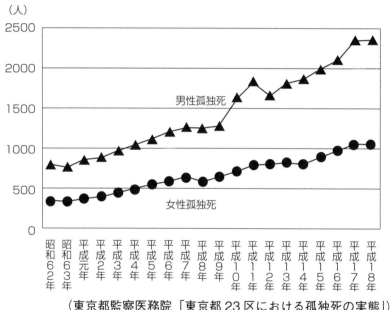

（東京都監察医務院「東京都23区における孤独死の実態」）

　孤独死は男女とも年々増加傾向にあり、特に男性の伸び率が高い
ことがわかります。

　報告書によると、平成18年の段階で、東京23区だけで毎日10人前後が孤独死しています。孤独死しやすい年齢は、男性で50歳代前半以降、女性で60歳代後半以降です。孤独死した人が死後発見されるまで、平均して男性で死後12日、女性で死後6日が経過しています。

❸　どういう人が孤独死になりやすいのか

◆孤独死になりやすい人

・男性高齢者で定年退職、または失業により職業を持たない人

・独身者、または配偶者と死別や離婚した人

・親族がいない人、または親族がいても近くに住んでいない人

・生活習慣病など慢性疾患を持っている人

・アパートやマンションなど集合住宅に住んでいて、隣人との関係が希薄な人

　上記のような人は、年々増加の一途をたどっており、全国的に孤独死リスクが高まっています。

　全国の60歳以上の高齢者を対象にした、内閣府「平成30年度高齢者の住宅と生活環境に関する調査結果」によれば、34.0％の人が孤独死を身近に感じています。

◆孤独死を身近に感じる度合い

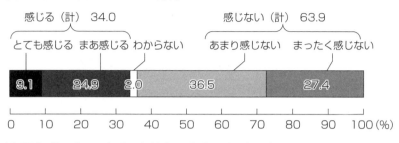

感じる（計）34.0　　　　　　　感じない（計）63.9

とても感じる　まあ感じる　わからない　　あまり感じない　まったく感じない

| 9.1 | 24.9 | 2.0 | 36.5 | 27.4 |

0　10　20　30　40　50　60　70　80　90　100（%）

（内閣府「平成30年度　高齢者の住宅と生活環境に関する調査結果」より一部修正）

　また、同じく内閣府「平成26年度　一人暮らし高齢者に関する意識調査」では、「病気で何日か寝込んだ時に看護や世話で頼りたい相手」について、子供の割合が39.9％と一番高く、次が兄弟姉妹・親戚13.0％となっています。一方、「頼りたいと思わない」12.6％、「あてはまる人はいない」17.8％で合計30.4％となっており、約3割の人が誰にも頼ることができないと回答しています。これでは、孤独死が増えるのも無理はありません。

◆病気で何日か寝込んだ時に看病や世話を頼みたい相手

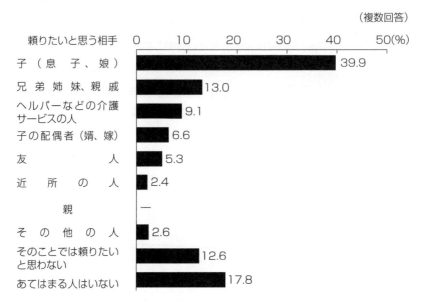

（内閣府「平成26年度 一人暮らし高齢者に関する意識調査」）

　終末期医療・葬儀・お墓の準備や方法については、終末期医療について考えている人の割合が53.4％、考えていない人の割合が41.8％です。葬儀について考えている人の割合が61.2％、考えていない人の割合35.6％です。お墓について考えている人の割合が60.8％、考えていない人の割合が36.6％です。

　死後の葬儀やお墓について6割の人が考えていますが、**死後のことは自分で実行できませんので、第三者に依頼するしかありません。**そして、依頼はエンディングノートなどでなく、法的な効力のある書面（公正証書）を用意する必要がありますが、実際にそのようにしている人はごくわずかです。

◆終末期医療・葬儀・お墓について

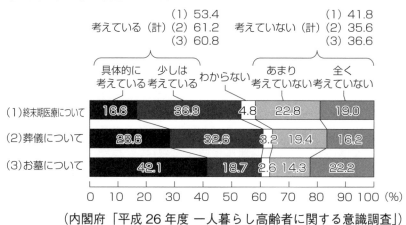

考えている（計）
(1) 53.4
(2) 61.2
(3) 60.8

考えていない（計）
(1) 41.8
(2) 35.6
(3) 36.6

具体的に考えている　少しは考えている　わからない　あまり考えていない　全く考えていない

	具体的に考えている	少しは考えている	わからない	あまり考えていない	全く考えていない
(1)終末期医療について	16.6	36.9	4.8	22.8	19.0
(2)葬儀について	28.6	32.6	3.2	19.4	16.2
(3)お墓について	42.1	18.7	2.6	14.3	22.2

（内閣府「平成 26 年度　一人暮らし高齢者に関する意識調査」）

　最近では「子供や孫の生活に迷惑をかけたくない」とか「世話になりたくない」という理由から、高齢者自身の意思による一人暮らしが増えており、ますます孤独死リスクが高まっているといえます。

　賃貸のアパートやマンションで孤独死が発生すると、まず悪臭を放ちます。また発見が遅れると、腐敗した肉体から体液が染みて、床などを汚染してしまいます。遺体からは生前の面影が失われ、親しい人でも判別がつかないほどになってしまいます。賃貸住宅で孤独死が発生した場合、その清掃費用は入居者の遺族（相続人）に請求され、高額になることもあります。

4　孤独死を防ぐ見守り契約

　孤独死を防ぐ方法として、おひとり様の項（39頁）でも述べた見守り契約があります。見守り契約は、本人と第三者が定期的に電話や面談により、判断能力の確認や、日常生活のさまざまな相談にのるという契約です。

　最近では、独居老人の孤独死を防ぐために、いろいろな見守りサービスが登場しています。たとえば、大阪府の寝屋川市社会福祉協議会が2014年からスタートした「緊急時安否確認事業」は、一人暮らしの65歳以上の希望者から合鍵を預かり、緊急時に安否を確認するというサービスです。

　また、宅配ドライバーによる安否確認のような定期巡回をはじめ、室内に設置した赤外線センサーが利用者の動きを検出して見守り、一定期間動きが検出されなかった場合は安否確認に伺うシステムもあります。

　こういった見守りサービスに、どこまで孤独死を防ぐ効果があるのかまだ分かりませんが、1つの手段として考えておいたほうがよいでしょう。

　孤独死の問題は、日本の社会保障制度が、戦前は戸主を中心とした家制度、戦後は家族を単位とする制度を前提に設計され、最近の個人を中心とした考え方に対応できていないことが原因である、と筆者は考えます。

　一人暮らしの人には、一生涯独身の人、離婚して再婚しない人、子供のいない夫婦で一方が亡くなった人、子供はいるが同居生活をしていない人なども含まれます。日本全体で、一人暮らしの単身世帯と夫婦のみの世帯を合わせて1,161万世帯（全世帯の22.9％）も

あります。必然的に従来の、家族や親族で人の死を看取るシステムはやがて崩壊するでしょう。そして、従来家族が担ってきた役割を、第三者との契約によって代替することになるでしょう。

　孤独死は悲惨です。人間としての尊厳も何もありません。前述の大原麗子さんは運動神経が麻痺してしまうギラン・バレー症候群を患っており、飯島愛さんは腎臓に疾患がありました。お２人とも亡くなる瞬間まで誰にも助けを呼べず、自分の苦痛を訴えることもできずに亡くなってしまいました。

　今や、65歳以上の高齢者は日本人の４人に１人で、さらに2035年には３人に１人が高齢者になります。このままでは2040年頃には、毎年20万人が孤独死するともいわれています。１つの自治体で200人の「引き取り手のない人」を扱うことになる計算です。

　最近、テレビや週刊誌で「老後難民」「老後破産」という言葉が使われていますが、そのうち「家族難民」「市役所孤独死予防課」という言葉も使われるようになるかもしれません。

　孤独死を防ぐためには、「誰に何を依頼するのか」を身体が元気で判断能力があるときに決め、**必要な書類（『見守り契約書』『身元保証契約書』、その他の生前契約書）とお金を準備することが大切**です。

葬式・お墓・永代供養と 『死後事務委任契約書』

ポイント

葬儀は相続の前哨戦。葬儀は誰が行い、誰が費用を支払うのか『死後事務委任契約書』で決めておく。遺言書やエンディングノートには法的な拘束力がない。

1 葬式は誰が行い、葬儀費用は誰が支払うのか

（1）葬儀は相続の前哨戦

葬儀に出席した際、相続トラブルの兆候を感じることがあります。誰が葬儀を取り仕切っているかで、今後の相続の展開が予想されます。長男、長女、配偶者、親族、または長男の嫁、第三者……などなど、その葬儀をその取り仕切った人物が、往々にして相続に口を出すものです。

筆者は実際に、第三者が葬儀を取り仕切り、その第三者から相続・遺言に関して妨害された経験があります。また兄弟姉妹の仲の悪さが原因で、嫌がらせを受けたこともあります。香典の取扱いが原因で、兄弟が相続トラブルになったこともあります。

つくづく「葬儀は相続の前哨戦」といえます。

（2）葬儀費用を誰が負担するか

ところで、**葬儀費用は誰が支払うべきでしょうか？** 故人が支払

うべきものなのか、それとも相続人でしょうか。

　葬儀費用に関して、法律には何ら規定はありません。相続税に関して「葬儀費用は故人の遺産の中から控除できる」という規定はありますが、決して「葬儀費用を故人が支払わなければならない」という規定ではありません。

　葬儀費用については、「喪主が支払うべき」「相続人全員が均等に支払う」「香典から支払う」「故人の遺産から支払う」「相続人間の話合いで決める」など、さまざまな考え方があります。葬儀費用は自分で貯めておきたい、という人も多いものです。

　しかし本人が亡くなったら、預貯金口座は凍結され、基本的には自由に引き出すことができなくなります。遺言書がないと、相続人間で話し合って遺産分割協議書を作成し、金融機関に提出しなければ、葬儀費用を引き出せません。遺産分割協議が長引くこともあるでしょう。

　こういった**葬儀費用の生前の引出しと、相続トラブル防止に有効なのが『死後事務委任契約書』**です。

（3）葬儀の簡素化と多様化

　最近の葬儀やお墓は、簡素な旅立ちと、自然葬である散骨や樹木葬への関心が高く、多様化しているのが特徴です。

　葬式がわずらわしい、自分らしい葬式をしたい、形式やしきたりにこだわらない自由な葬儀でよいと考える人が増え、**葬儀に対する価値観も多様化**しています。葬儀費用をかけたくないという人が増加し、年々葬儀費用は低下しています。

　「家族葬」や「直葬」、また「戒名はいらない」という人も急増しています。

　家族葬は、知人には連絡せず、家族や親族だけで故人を見送る葬儀です。

　直葬は、通夜・告別式を行わず、自宅や病院から直接火葬場に遺体を搬送し火葬する方式です。以前は身寄りがいない人が大半でしたが、今ではお金があっても葬儀をしてほしくない人が増加し、直葬が増えている要因となっています。

　戒名は、本来は亡くなってからつける名前ではなく、仏教に帰依した証に生前に与えられる名前で、二文字で表されます。どんなに身分の高い人でも二文字であり、仏の世界は平等であることが表現されています。浄土真宗では法名、日蓮宗では法号と呼び、宗派によってその付け方も異なります。

　一般人が出家して僧侶になると、名前を変えなければなりませんが、この僧侶の名前も戒名です。たとえば、作家の瀬戸内寂聴の「寂聴」は法名（戒名）です。同じく、作家の今東光の法名は「春聴<ruby>今東光<rt>こんとうこう</rt></ruby>」です。

　葬儀とは、人間が生から死へ移行する通過儀礼であり、社会的な処理、遺体の処理、感情の処理など重要な役割があります。葬式をしないという人であっても、「社会的な処理」と「遺体の処理」は必ず行います。

　「社会的な処理」とは、戸籍法86条に規定されている、死亡の事実を知った日から7日以内に死亡届を役所に提出することです。届出義務者は同居の親族、その他の同居者、家主、地主または家屋もしくは土地の管理者、同居していない親族などです。

　同じく「遺体の処理」については、墓地埋葬等に関する法律（墓埋法）で規定されており、同法3条では死後24時間以内の埋葬または火葬が禁止されています。通常、死亡届といっしょに役所で火葬許可証を交付してもらい、火葬場にて必要事項を記入してもらうことで、それが埋葬許可証になります。

　さて、個人的な葬式が増え低価格になった最大の理由は、日本人の平均寿命が伸び、90歳以上で亡くなる人も増え、死亡年齢が高齢化したことです。本人が高齢で亡くなる場合、子供はすでに定年退職しており会社関係で葬儀に参加する人も少なくなりますし、葬式に参列する兄弟姉妹や同年代の友人・知人も少なくなります。

　さらに、本人が亡くなる前に病院や老人ホームに長くいると、地域との結びつきも薄れ、長期間の介護の末に亡くなると、周囲の人は悲しい気持ちよりもほっとした気持ちが先に立つこともあるものです。このようなことから、葬式がよりプライベートなものになってきているのでしょう。

② 供養スタイルの変化とお墓の減少

（1）お墓を作らない散骨・樹木葬が急増

　日本人のお墓は、遺体を火葬にして、一つの墓石の下に先祖や家族の遺骨をいっしょに納める「○○家の墓」という形態が一般的です。この家墓が普及し始めたのは、明治時代の末期です。お墓を作るようになったのは江戸時代になってからで、当時は火葬ではなく土葬でした。それ以前の時代においても上流階級は火葬でしたが、一般庶民は野焼きで大量の薪を買う余裕がなく、土葬が一般的でした。

　そして昨今、さまざまな生き方やライフスタイルの変化、核家族化等によりお墓に対する価値観が多様化し、「○○家の墓」、つまり家墓に子々孫々が入るという供養のスタイルも変わってきました。**お墓を作らない散骨や樹木葬、永代供養墓という方法も年々増加**しています。

葬儀スタイル	供養スタイル	
・一般的葬儀 ・家族葬 ・自由葬 　（音楽葬・展示葬） ・生前葬 ・直　葬 ・１日葬 　（ワンデーセレモニー）	〔お墓あり〕 ・家　墓 ・夫婦墓 ・個人墓 ・納骨堂 ・永代供養墓 　（合葬墓）	〔お墓なし〕 ・散骨（海・山） ・樹木葬 ・手元供養

　お墓が安置される墓地は、経営母体によって公営墓地、民間墓地、寺院墓地の３つに分類できます。

①　公営墓地

　都道府県、市区町村などの自治体が管理・運営し比較的価格が安く、宗旨・宗派は不問で石材店も自由に選べます。ただし、申込みにはその土地に数年間住んでいることや、遺骨が手元にあること、遺骨の親族であることなどの条件があります。

　生前予約ができないところが多く、合葬墓（後述）ならば生前に申込みできるという自治体が多いです。墓石の大きさやかたちが指定されていて、使用者が自由に個性的なお墓を建てられるとは限らない、というデメリットがあります。

　横浜市の公営墓地「メモリアルグリーン」は 2006 年、日本初の樹木葬墓地として、従来のお墓のイメージを払拭しました。ここには、永代供養と 30 年使用の２種類の墓地があり、区画ごとにシンボルツリーが植えられ、樹木型の合葬墓が設置されています。

②　民間墓地

　表向き公益法人や宗教法人が経営母体になっていますが、実際は墓石業者や開発業者などが宗教法人の名義を借りて経営していることも多く、そのため墓石の購入や工事をその業者に依頼しなければならないといったことになりがちです。

　民間墓地の良い点は、使用者が自由に個性的なお墓を建てることができ、宗旨・宗派は不問で、生前予約もできるところが多いことです。永代使用料や管理費は、公営墓地に比べ高額です。

③　寺院墓地

　お寺の宗教法人が経営している墓地で、お寺の敷地内や隣接地に設営されています。しかし実際には、宗教法人が民間業者に名義貸ししていることも多く、民間墓地と寺院墓地の区別は実のところ難しいともいえます。

　申込みにはお寺の檀家になることが原則で、納骨や供養だけでなく、葬儀でそのお寺の僧侶にお経をあげてもらったり、戒名を授けてもらったり、石材店を指定されることが多いです。永代使用料・管理費が高額になることもあります。

(2) 最近のお墓事情

　最近の永代供養墓や合葬墓のあるお寺では、お墓の承継を前提としないので、ほとんどの場合、檀家になる必要はありません。檀家になる必要があっても寺院墓地を選ぶ人が一定数いるのは、僧侶が代々にわたり、本人の供養を行ってくれるという「精神的な安心感」があるからでしょう。

　最近は、生前に自分のお墓を建てて準備しておく人も多くなっています。その**お墓は、従来の「○○家の墓」ではなく、家族で入るお墓を望んでいる人が圧倒的に多い**です。お墓にいっしょに入りた

いと思う人は配偶者、子供、自分の親が多く、配偶者の親や先祖といっしょに入りたいと思う人は少数派です。特に、妻が夫に対し、「○○家の墓」があっても夫と同じ墓に入りたくない、最後は自分らしいお墓で過ごしたい、というケースが増えています。そして、そのことを理解できない夫もまた、多いものです。

お墓のかたちにしても、従来の縦型の墓石ではなく、自分の個性的な墓石にしたいと考える人が多くなり、モニュメント形式の墓石が増えています。具体的には、墓石に刻む言葉も「○○家の墓」ではなく、自分の好きな言葉（たとえば「愛」「心」「ありがとう」「やすらかに」「永遠の愛」など）であったりします。またピアノの鍵盤、ハート型、リボン型の墓石であったり、墓石の代わりに自分の好きな樹木を植えたりする人もあります。

自分の老後のことで「子供の世話になりたくない、迷惑を掛けたくない」というのと同様に、お墓についても「子供や親族に頼りたくない」と考える高齢者が増えています。子供が転勤族であったり、海外に住んでいたり、外国籍であったり、子供が娘だけで結婚して名字が変わったりなどの理由で、お墓の世話が大変になることは多いです。

そのため、お墓の掃除や管理、墓参り、お寺とのつきあいなどで子供や親族に手間と時間をかけさせずにすむようなお墓でなくてはならない、と高齢者は考えます。その結果、散骨、樹木葬、永代供養などの供養スタイルが増えているのです。

3 あなたのお墓は誰が承継しますか

（1）そもそもお墓とは何か

よく「墓を買う」といいますが、正確には寺院や霊園などの墓地

所有者にお金を支払い、墓所を代々使わせてもらう「使用権」を取得するという意味であって、土地を買うわけではありません。「使用権」は使用者がいる限りであり、永代に墓地を使用できるわけではありません。

　長期間にわたって管理費の滞納があり、承継者の行方が分からず連絡がとれない場合、使用権が失われ、無縁墓となります。お墓の承継者が現れないと、遺骨はお墓から出され、無縁仏といっしょに無縁供養塔などに合葬され、墓所は墓石が取り払われ更地にされます。

　お墓は祭祀財産で、本来親から子、子から孫へと代々承継されていくことを前提としていますが、最近では「先祖のお墓を守り供養するのは子供の義務である」という考え方も薄らいでいます。特に婚入り・嫁入りした立場の方にとっては、義理の先祖であって自分の先祖ではない、という思いもあります。また、お墓があることで子供にとってお墓の管理やお寺とのつきあいが負担になるので、お墓を建てないほうがよいと考える人も増えています。

　では、お墓は誰が承継すべきでしょうか？

　戦前の明治民法では、戸主となり家督相続した主に長男が、遺産であるお墓や仏壇、位牌などの祭祀財産を承継しました。ところが、戦後民法によって家制度そのものが廃止され、新しい概念として承継を前提としない夫婦制家族になり、財産については兄弟姉妹が均分相続するようになりました。

　お墓などの祭祀財産は、法律では「慣習に従って」決めるとしています。それでも決まらない場合は、家庭裁判所が決定します。そもそも「慣習に従って決める」とは、なんともあいまいです。

　お墓の承継者は、遺言書で祭祀主宰者を指定していれば、長男でなくても、次男や結婚した次女、場合によっては第三者でも、承継者として法律では認められます。つまり、相続時の混乱を防ぐには、**お墓などの祭祀財産を承継する人を遺言書で指定し、具体的な内容に**

ついては『死後事務委任契約書』で定めておくのが最もよい方法です。

お墓をどうするのかという問題は自分だけではなく、お墓を承継する子供、親族など残された人たちの問題でもあります。

(2) 永代供養と永代供養墓・合葬墓

お墓の承継が難しい場合や、そもそも承継しなくてもよいお墓を考える場合、永代供養という選択肢があります。永代供養は、寺院や自治体、管理会社が家族に代わり管理や供養をしてくれるシステムです。このときの墓地（共同墓）を、寺院では永代供養墓、公営・民間の墓地では合葬墓と呼びます。

永代供養墓・合葬墓には、従来の家墓と同じように個人墓・夫婦墓として使用し、一定期間の経過後に共同墓に移され合祀されるタイプと、納骨時点から合祀するタイプの二種類があります。一定期間とは、短い所では7年ですが、30年、33年、50年供養してくれるところもあります。

永代供養墓・合葬墓は、おひとり様、子供のいない夫婦、一人暮らしの人、子供に負担をかけたくないと考える人に、特に人気です。永代供養墓・合葬墓は維持費用が比較的安いため、昨今ニーズが高まり、相次いで新設されています。

永代供養によくあるのが、「お墓が永代に存在する」という誤解です。永代供養は、あくまで供養を永代に行い、最終的に合祀・合葬するシステムです。つまり永代供養墓とは、血縁のない人たちをいっしょにして、血縁を超えて葬るお墓なのです。

(3) 合葬墓が急増中

永代供養墓・合葬墓のうち、特に公営の合葬墓がいま、全国的に急増しています。東京都や政令指定都市をはじめ各自治体が、次々と公営墓地内に合葬墓を設けたり、合葬墓だけを新造したりしてい

ます。

　一例として、神戸市が 2018 年に開設した「鵯越合葬墓」では、市が第一回募集分として、合葬分と個別安置分で計 560 柱を募ったところ、わずか 3 週間で 3,169 件もの申込みが殺到しました。個別安置施設（執筆時現在 1,600 体収蔵）では、10 年間安置後に合葬します。また合葬施設では、ご遺骨を骨袋へ納めて、10,000 体を共同で埋蔵します。その料金は、「個別安置施設に 10 年間収蔵後、合葬施設へ埋蔵」の場合 10 万円、「合葬施設へ直接埋蔵」の場合 5 万円等です。申込者の資格として、神戸市に引き続き 6 か月以上住所を有することなどが求められます。これら施設は立入禁止であり、お参りに来た人は、神戸市の海と山と町並みとをイメージしたモニュメントおよび献花台の前で、お参りをします。

　長野県でも、安曇野市や岡谷市（2017 年）、諏訪市（2018 年）などが、合葬墓を新設しています。小諸市では、市営墓地「高峯聖地公園」の合葬墓の永代供養権を、なんとふるさと納税の返礼品にしています。寄付金 24 万円で 1 人分の埋葬権が得られ、管理料などは無料とのことです。

　同じく、さいたま市は 2019 年、「思い出の里市営霊園」に 1 万 6千体が収容できる、樹林型（≒樹木葬型。詳しくは次節Ⅷを参照）合葬墓を完成させました。新規の利用申込みはもちろん、現在の墓地利用者が「墓じまい」で利用する場合や、無縁墓地の遺骨の受け皿としても活用されるとのことです。遺骨は布袋に入れられ地中の納骨堂に埋蔵され、長い時間を経て土に還る仕組みとなっています。

　このように、公営合葬墓が急増している理由としては、超高齢化による死亡者の増加、お墓の無縁化、墓じまいを考える人や「墓を継がせると子供の負担になる」と危惧する人の増加、遺骨を合葬墓に移し替える「改葬」（後述）の増加などが挙げられます。いずれにしても、今後ますます増えていくことでしょう。

（4）お墓の改葬・墓じまい

既にお墓に埋葬されている遺骨を別の墓地に移すことを、「改葬」といいます。いわば「お墓の引越し」です。

近年、この改葬を希望する人が非常に増えています。「実家のお墓が遠くてお墓参りに行けない」とか「お墓の承継者がいない」という人が多く、お墓を自宅近くの墓地や、管理がしやすい場所へと改葬するケースが増えているのです。さらにいえば、場所の移転だけではなく、同時に永代供養墓・合葬墓に変更するなど、お墓の形態そのものも変える例も多いと感じます。

さて、改葬において、現在埋葬しているお墓から、遺骨を自由に持ち出すことはできません。墓地、埋葬などに関する法律（墓埋法）5条により、改葬する場合には、現在のお墓（遺骨）がある市区町村の許可を得なければならないのです。

この許可等の手順や流れは、宗旨・宗派によって差異もありますが、一般的に次のとおりです。

◆改葬の手順*

> **㊀受入証明書の入手**
> 　改葬先となる新しい墓地を購入。墓地代（永代使用料）と管理料を支払い、改葬先のお墓管理者に「受入証明書」を発行してもらう。
>
> **㊁埋葬証明書の入手**
> 　現在のお墓管理者に、遺骨が埋葬されていることを証明するため「埋葬証明書」を発行してもらう。

---

　*なお、土葬から改葬する場合は、遺骨を取り出す前に閉眼供養を行う。取り出した遺骨は、洗骨の作業をしてから火葬し、骨壺に収められるが、このとき「改葬許可証」と「火葬許可証」が必要となる。

㊂改葬許可申請書・改葬許可証の入手

　現在のお墓がある市区町村から「改葬許可申請書」を入手（埋葬されている方1人につき1枚が必要）し、現在のお墓管理者から改葬許可を得る。

　その後、現在お墓のある市区町村に「受入証明書」「埋葬証明書」「改葬許可申請書」を提出し、「改葬許可証」を発行してもらう。

㊃遺骨の取出し・閉眼供養

　現在のお墓管理者に「改葬許可証」を提示し、閉眼供養*を行ってもらう。

㊄お墓を更地にして返還

　お墓の工事を石材店などと相談のうえ、お墓を工事し、更地にして返還する。

㊅納骨・開眼供養

　「改葬許可証」を改葬先のお墓の管理者に提示することで、遺骨を埋葬することができるようになる。埋葬の際は、お墓に仏様の魂を入れる開眼供養を、住職に行ってもらう。

移転元（現在のお墓）	移転先（新たなお墓）
㊁埋葬証明書の入手　←	㊀受入証明書の入手
㊂改葬許可申請書・改葬許可証の入手	
㊃遺骨の取出し・閉眼供養	
㊄お墓を更地にして返還　➡	㊅納骨・開眼供養

*閉眼供養……遷仏法要（浄土真宗）、魂抜き、性根抜きともいう。墓石に宿っている仏様の魂を抜き、墓石をただの石に変えるという意味をもつ儀式。改葬時のほか、仏壇の処分、戒名の追加の際にも行うのが一般的。

(5) 改葬の費用

　改葬においては、現在お墓がある移転元と、引越し先である移転先の両方に、費用を支払う必要があります。改葬にかかる費用は、墓地の大きさや地域などによっても異なりますが、一般的に約200〜300万円程度とされています。

◆移転元でかかる費用

> ㈠**埋葬証明書、改葬許可証の発行手数料**：1通300円〜1,500円
> 　証明書は1人分の遺骨につき1通発行されるので、遺骨の人数分だけ費用がかかる。
>
> ㈡**墓石の撤去処分、区画整備代**：1m^2 10万円〜20万円
> 　改葬をする際、現在ある移転元のお墓は撤去して、更地にして返還しなければならない。ほとんどの場合、石材店がこれを行う。
> 　たとえば、3m^{3}の区画で、遺骨が4柱納められているお墓を「墓じまい」すると、約80万円程度必要になる。
>
> ㈢**遺骨の取り出し費用**：1人分の遺骨につき3万円程度
> 　石材店に支払う。
>
> ㈣**閉眼供養のお布施**：1万円〜3万円程度
> 　住職に支払う。
>
> ㈤**墓石運搬費**：20万円〜80万円
> 　移転元で使用していた墓石そのものを移動したい場合は、大きさ・移動距離などの条件により異なる費用が発生。墓石を撤去処分する場合は、この費用は発生しない。
>
> ㈥**離檀料**：数万円〜数十万円
> 　これまでの檀家としての付き合いなどにより異なる。

◆移転先でかかる費用

㊀**永代使用料**：約62万円

　　金額は全国平均。

㊁**新しい墓石代**：120万円〜150万円

　　移転先で新しく墓石を建てる場合、その費用。基礎工事を
　含む。

㊂**埋葬費用（納骨）**：1人分の遺骨につき3万円程度

　　石材店に支払う。

㊃**開眼供養のお布施**：1万円〜3万円程度

　　住職に支払う。

㊄**入檀料**

　　移転先の墓地が寺院の場合、入檀料が必要になる可能性が
　ある。

　なお、改葬とよく似たものに「墓じまい」があります。墓じまい
とは、お墓を撤去して更地に戻すことをいいます。

　改葬・墓じまいで注意すべきなのが、離檀するときに寺院から高
額な離檀料を請求されるというトラブルです。近年、こうした事例
が少なくありません。

　離檀料は、あくまでお寺に対する「お布施」ですから、寺院側に
具体的な請求をする権限は本来ありません。法律上、離檀料を支払
う義務はないのです。

　改葬・墓じまいにともなう離檀の場合、最低限必要となるのは、
閉眼供養に対するお布施だけです。

（6）改葬・墓じまいを思い立ったら

　お墓は、近しい家族だけではなく、先祖代々が眠っていることも
あるものです。ですから、自分だけの考えでお墓を移すのではなく、

他の家族や親族との話合いや同意を得てから実行に移すことが大切です。お墓の管理方法や、お墓に対する想いの違いから、思わぬトラブルが起きることもあります。

「改葬」「墓じまい」などを自分の死後に行う場合は、あらかじめ「誰に、何を、いくらの費用で」行ってもらいたいかを決めてから、『死後事務委任契約書』に書いておくと安心です。

4 急速に増えている納骨堂

(1) 納骨堂とは

近年、新しい埋葬の形として注目を集めているのが納骨堂です。納骨堂とは、火葬した遺骨を骨壺に入れて安置するための施設です。納骨殿、霊堂などとも呼ばれます。墓地、埋葬等に関する法律（墓埋法）2条は、「埋葬」と「納骨堂」を明確に区別しており、同法における納骨堂とは、他人の委託を受けて焼骨を収蔵するために、納骨堂として都道府県知事の許可を受けた施設と定義しています。

もともとの納骨堂は、納骨をするまでの間に、寺院などが一時的に骨壺を預かるためのものでした。いわば、お骨の一時預かり所でした。

今では、お墓の代わりとして利用したいという人が増加し、遺骨を祭祀する施設としての役割を担うようになり、大規模な納骨堂も増えています。従来のお墓を一戸建てとすると、納骨堂はマンションといえるかもしれません。

納骨堂は、通常3年、13年、33年などの法要の節目に合わせて、利用期間を選択する場合がほとんどです。回忌法要までは納骨堂で供養を行い、その後は永代供養墓など共同のお墓へ合葬するタイプが増加傾向にあります。

（2）運営母体による違い

　納骨堂は、運営母体により3種類に大別できます。寺院が運営・管理する**寺院納骨堂**、都道府県や市町村など自治体が運営・管理する**公営納骨堂**、その他宗教法人、財団法人、社団法人が運営・管理する**民営納骨堂**です。

　寺院納骨堂は、お寺が寺院内に建てている施設です。利用にあたり、檀家になる必要はほとんどありません。住職が常駐しているわけですので、供養・法要などについても安心して任せておくことができます。

　公営納骨堂は、利用料が比較的安価なのが魅力です。ただし、誰もが利用できるわけではなく、自治体が定めた条件を満たす必要があります。人気が高いため、抽選で選ばれることが多いようです。

　たとえば、多磨霊園みたま堂は、日本初の公園墓地である東京都営霊園にある納骨堂です。巨大なドーム型の建物で、その内部には、30年更新の長期収蔵施設が5,200基、一時収蔵施設が7,500基あります。新規に申し込む場合、東京都に5年以上継続して居住していること、埋蔵すべき遺骨を持っていること、祭祀主宰者であることなどの条件を満たさなければなりませんし、抽選にも当たらなくてはなりません。ちなみに平成30年度の競争率は26.2倍でした。

　民営納骨堂は、寺院などの宗教法人が主な経営主体になっていますが、納骨堂の利用に際して宗教や宗派を問われることはありません。本人が亡くなる前に予約できたり、内装や設備が充実していることが多いです。

（3）形状による違い

①ロッカー型納骨堂

駅にあるコインロッカーのようなつくりで、個別の収蔵庫が縦横に並び、収蔵庫内部に遺骨を安置する形式です。供養する場所として味気ない、と感じる方もいるかもしれません。

扉を開けると小さな仏壇のようになっているもの、華やかなデザインのもの（たとえば、夫婦用の「夫婦壇」、1文字1文字職人によって彫刻された「家名入り納骨堂」、生花や遺影を設置できるタイプなど）もあります。

ロッカー型のは収蔵スペースも狭く、管理するにも楽であり、費用が安いのがメリットといえます。

②自動運搬型納骨堂

ビル全体が納骨堂になっており、普段はバックヤードの収蔵庫に保管されている骨壺が、お墓参りの都度、参拝スペースに自動的に運ばれてくる形式です。立体駐車場のシステムに似ています。

お墓参りを行う参拝スペースには、共用の墓碑が備え付けられており、一般的な墓石に向かっているのと同様の感覚で参拝できます。また、狭いスペースでも多くの遺骨を収蔵できるため、都会の駅から近いビルなどに建設されることも多く、近年急増しています。

③仏壇型納骨堂

仏壇型納骨堂は、一般家庭にある仏壇が一つの建物に集合しているようなものです。

形状は二段に分かれており、上段が仏壇スペース、下段が遺骨を収蔵するスペースです。仏壇スペースには、遺影を飾ったり、

お花を飾ったりします。遺骨収蔵スペースは広く、先祖代々のお墓としても利用できます。むしろ、家族が代々使用する契約を締結することがほとんどです。そのため、他のタイプに比べ、価格は高めです。

　お墓の承継者がいなくなっても、合祀せず骨壺のまま永代管理されます。

④位牌型納骨堂

　ひな壇に多くの位牌*や骨壺が並んでいるだけの、シンプルな形状です。お墓参りは、共用の礼拝スペースにて、ご本尊に向かって行います。

　個別の占有スペースが少ないため、最も安価なタイプです。

(5) 納骨堂５つの特徴

納骨堂には、お墓とはまた違った特徴（メリット）があります。

①購入費用が安い

　「お墓を買う」とは、その使用権を買うことです。従来のお墓を建てるためには、土地代（永代使用料、墓地使用料）と墓石を購入しなければなりません。屋外にあるお墓のメンテナンス費用や、お寺に支払う檀家としての費用もあります。

　一方、納骨堂は墓石を立てる費用がかからないため、ほとんどの場合お墓よりも安くすみます。

②利便性がよい

　お墓が郊外や自宅から遠く離れた場所にあると、お墓参りが大

---

*故人の戒名（法号）、没年月日、俗名、享年の記された札

変になります。

　屋内施設である納骨堂は、墓地や霊園のように広大な土地を必要とせず、都市部に建てられていることが多く、お墓参りしやすい場所にあるといえます。

　屋内にある納骨堂であれば天気も関係なく、24時間いつでも自分の都合のよいときに、お墓参りをすることができます。屋内にあるため段差がなく、冷房完備で、高齢者や車イスの人でも入れるようバリアフリーになっている場合がほとんどです。

　ただし、屋内にあるため、お線香が焚けない（制限される）ことがあります。

③管理が不要

　屋外にあるお墓は雨や風にさらされるため、掃除や草取りなどのメンテナンスに手間がかかります。

　この点、納骨堂は屋内にあるので、管理に手間がかかりません。お墓参りのときには掃除道具もいらず、手ぶらで参拝できます。

④永代供養が可能

　お墓は、承継者がいない場合、手入れをする人がいなくなり、雑草が生い茂り、ついには無縁仏となってしまいます。

　納骨堂にはそのような心配もなく、最初から永代供養を目的として契約しておけば、遺骨を合祀して永代供養をしてくれますので、承継者がいなくとも安心です。

　寺院納骨堂であっても、宗教・宗派を問われることはほとんどありません。

⑤家族代々の利用が可能

　仏壇型納骨堂であれば、昔ながらのお墓と同様、家族代々承継

できます。家族代々の利用を想定した納骨堂は、通常収蔵スペースが広く作られています。場合により、他の遺骨とともに合祀するかしないか、また永代供養するのかしないのか選択することもできます。

◆お墓と納骨堂の比較まとめ

	お　墓	納骨堂
購入費用目安	数百万円〜	数十万円〜200万円程度
運営母体	寺院墓地 公営墓地（都道府県・市町村） 民間墓地（宗教法人など）	寺院納骨堂 公営納骨堂（都道府県・市町村） 民営納骨堂（宗教法人など）
遺骨の場所	屋外の埋蔵墓地	屋内の収蔵施設
管理・メンテナンス	掃除や草取りなどが必要	必要なし
永代供養利用制限	永年使用	3年、13年、33年など利用制限あり、最初から合祀するタイプ、一定期間経過後に合祀するタイプあり
その他	・寺院によっては宗教、宗派を問う ・お布施の必要あり ・お墓の承継者が必要 ・墓じまい、改葬の問題が生じる	・宗教、宗派不問 ・お布施の必要なし ・お墓の承継者は不要 ・改葬しやすい

◆納骨堂が適している人

・子供がいない人

・お墓の承継者がいない人

> ・子供が未婚、孫がいないなど、将来のお墓の承継に不安がある人
> ・費用を抑えたい、手間をかけたくない人
> ・自分だけのお墓、夫婦2人だけのお墓に入りたい人
> ・お墓の立地を近隣にしたい人
> ・先祖代々のお墓の「墓じまい」「改葬」の再供養先を検討している人
> ・利用期間が終わったら、遺骨を合祀して永代供養してほしい人

　昔ながらのお墓にせよ、納骨堂にせよ、散骨・樹木葬（後述）にせよ、具体的な供養スタイルについて、本人と承継者・関係者がよく話し合っておくことが大切です。

5　なぜ『死後事務委任契約書』が必要なのか

(1) 人が亡くなると多くの事務処理が必要

　人が亡くなるとさまざまな事務処理が必要になります。おひとり様や子供のいない夫婦、一人暮らしの人、親族と疎遠になっている人、親族も高齢者で体の不自由な人の場合、葬儀・納骨をはじめ電気・ガス・水道などの停止や、病院や老人ホームの費用の支払いなどの事務処理をどうするのでしょうか。

　また自分の遺志で散骨や樹木葬、永代供養を望んだとしても、一体誰が実行してくれるのでしょうか。

　自分の死後、自分の遺志を実行するためには、生前の元気なうちに死後の事務を第三者に託す必要があります。この契約が死後事務委任契約です。

◆『死後事務委任契約書』の主な内容

・親族や関係者への連絡
・通夜、告別式、火葬、納骨に関する事務
・埋葬、永代供養、菩提寺の選定、墓石の建立に関する事務
・病院や老人ホームの支払いに関する事務
・家賃・地代などの支払いと敷金・保証金などの支払い事務
・アパートやマンションなどの賃借建物明渡しに関する事務
・行政官庁などへの諸届け事務
・上記の事務に関する費用の支払い

　葬儀や病院の退院手続などは、死亡後すぐに行う必要があります。また、それにともなう費用の支払いもあります。相続人同士が話し合って決める時間的な余裕は全くありません。

　したがって、**死後の後始末について生前の元気なうちに、誰に託すのか決めておくことが必要**です。また、それにともなう費用についても、『死後事務委任契約書』で預託できるようにするとよいでしょう。

（2）『死後事務委任契約書』が必要となる人

◆『死後事務委任契約書』が必要になると思われる人

・おひとり様、子供のいない夫婦、一人暮らしの人など、もしものときに近くに頼れる家族がいない人
・同世代の兄弟姉妹や親族が高齢で、依頼することが不安な人
・親族や兄弟姉妹と長い間疎遠になっている人
・遠方に暮らしている家族や親族には負担をかけたくない人
・家族や親族はいるが、もしものときに面倒な事務処理を第三

　者に依頼したい人

・散骨・樹木葬・献体・臓器提供などを希望する人

・葬儀費用を生前に家族、親族、第三者に預託しておきたい人

(3) 預貯金仮払い制度は万能ではない

　従前の最高裁判決（昭和29年4月）では、預貯金債権は、相続によって当然分割され、各共同相続人がその相続分に応じて権利を承継し、相続人は遺産分割と関係なく相続分の単独払戻しができるとされていました。しかし実際のところ、金融機関は、被相続人の死亡を知るとその預貯金口座を凍結してしまい、被相続人全員の印鑑がない限り、預貯金の払戻しに応じませんでした。

　さらに、平成28年12月の最高裁決定で、預貯金は相続人全員の相続財産となるため、遺産分割が終了するまでは相続人単独での払戻しができない、と変更されました。この変更により、遺産分割前の預貯金の払戻しは、法的にもますます困難となりました。

　しかし、これでは生活に困ってしまう人もいるということで、民法・家事事件手続法の改正により、遺産分割前に相続人単独で預貯金の一部を払い戻してもらう制度（＝**預貯金仮払い制度**）ができました。

　預貯金仮払い制度には、**①家庭裁判所が関与しない小口の仮払い**と、**②家庭裁判所が関与する比較的大口の仮払いの2種類があります**。

①家庭裁判所が関与しない小口の仮払い

　この場合、相続人単独で金融機関から払い戻せる金額は、次のとおりです。

> 相続開始時の預貯金債権額×３分の１×その共同相続人の法定
> 相続分

　たとえば、被相続人に長男と次男の２人がおり、遺産分割が成立していないケースで考えてみましょう。長男が、遺産である預貯金600万円から葬式費用を払い戻したいと考えたとき、長男単独で引き出せる金額は100万円となります。

> 600万円×３分の１×２分の１＝100万円

　ただし、民法上、「標準的な当面の必要生活費」「平均的な葬式費用の額」までしか認められません。また、一つの金融機関から払い戻せる金額は150万円までという上限がある点に、注意が必要です。

②家庭裁判所が関与する比較的大口の仮払い

　家庭裁判所に遺産分割の審判または調停の申立てをした際、遺産である預貯金を引き出す必要があると家庭裁判所に認められれば、申立てにより、（他の共同相続人の利害を害しない限り）預貯金債権の仮取得が可能です。

　預貯金を引き出す必要がある場合とは、具体的には「相続財産に対する債務の弁済」「滞納されていた税金の納税」「相続人の生活費」等ですが、その裁量は家庭裁判所に委ねられています。

　このように、預貯金仮払い制度には、金額的・時間的な制限があります。いざ相続開始後に、預貯金仮払い制度をフル活用したとしても、一連の支払いのすべてに対応できるとは限りません。したがって、生前契約書の**『死後事務委任契約書』で、生前に後見人（子など）に葬式費用を預託しておくほうがよいでしょう。**なお、このと

き生前に預託したお金について、贈与税は課税されません。

（4）『死後事務委任契約書』が必要な理由のまとめ

では、なぜ『死後事務委任契約書』がないと困るのでしょうか？
理由は４つあります。

①葬儀社は事務処理をしない

葬儀社は葬儀を行いますが、役所や金融機関などへのさまざまな届出は行いません。葬儀以外の届出を一括して託せる人を選んでおく必要があります。

②後見人は事務処理をしない

後見人は死後の事務処理について行う権限も義務もありません。後見人は本人の死亡と同時に後見業務が終了してしまうので、後見人に葬儀や死後の事務手続を一括して託すことはできません。これは非常に多い誤解です。

③遺言書に事務処理について書いてもムダ

遺言書に葬儀や死後の手続きなどを書いたり、エンディングノートに書いて家族や親族に依頼しておいても、法的な拘束力はありません。葬儀や死後の手続きは法律上の遺言事項ではないので、財産の分与・処分の方法などと違って遺言書で効力を持ちません。

④葬儀費用などの支払い

遺言書があっても、死亡後すぐに、預貯金を自由に引き出すことは、原則としてできません。また、本人が生前に家族や親族などの第三者に葬儀費用を預けると、贈与とみなされることもあり

ます。一方、**死後事務委任契約を締結し預託できるようにしてお
けば、本人が亡くなる前に第三者が金融機関から葬儀費用などを
引き出すことが可能**になります。

　後見契約などの委任契約は原則当事者の死亡によって終了しま
すが、死後事務委任契約は委任者（依頼した本人）が死亡しても
委任契約を継続することができます。受任者（依頼された人）は
短期間であれば死後事務を受任することも可能です（最高裁平成
４年９月の判例）。

　このように、遺言書や後見契約だけでは、死後の葬儀や手続きま
でカバーできません。自分の遺志を確実に伝えるためには、遺言書
で祭祀主宰者と遺言執行者を指定して、その人と死後事務委任契約
を締結する（『死後事務委任契約書』を作成する）方法が最もよい
でしょう。死後事務委任契約がすべて終了すると、依頼された受任
者は、経費や報酬を除いた残りの財産を相続人に返還して、契約終
了となります。

散骨・樹木葬と『死後事務委任契約書』

> **ポイント**
>
> 　散骨や樹木葬を希望するなら、誰が、どういう内容で、いくらの費用がかかるようにするのかを考え、本人と依頼される人とで『死後事務委任契約書』を作成する。

1 人気上昇中の散骨

（1）散骨とは

　散骨とは、故人の火葬後の遺骨を粉末状にし、海や山、空、宇宙などに撒く葬送方法です。自然に還りたい、大好きな海に眠りたい、というような方に選ばれます。また、お墓の維持管理費等がかからない（遺族の負担にならない）、宗旨・宗教にとらわれない、という点を重視する方もいます。

　一部の遺骨・遺灰を残して散骨する「一部散骨」という方法もあります。故人の遺言どおり散骨もしつつ、遺族の墓参り・献花の場所も確保したい場合におすすめです。

　日本では長年、散骨は「墓地、埋葬等に関する法律」（墓埋法）と刑法190条の遺骨（死体）遺棄罪に該当し、法的に問題があるとされてきました。しかし、1991年10月、東京のNPO法人「葬送の自由をすすめる会」が相模灘で行った以降は、広く行われるようになりました。

　法務省と厚生労働省の見解は、散骨が節度を持って行われる限り、

法律違反には当たらないというものです＊。「節度を持って」とは、具体的には遺骨が原型をとどめないように細かく砕き、撒かれる地域の人の感情をそこなわない程度を指します。

　日本初の専用散骨所として、大山隠岐国立公園にある島根県隠岐諸島の一つカズラ島があります。このカズラ島は東京の葬儀社が島を丸ごと購入したもので、公営ではなく株式会社が運営しています。

　陸地での散骨は、宗教法人などが所有する墓地に、樹木葬などの形をとって行われます。通常、陸地で散骨をすると、その土地の購入者が見つからないとか、その土地の価値が下がるという民事的な問題が起こるため、陸地（墓地を除く）での散骨は避けられます。

（2）海洋散骨

　費用等の理由から、散骨希望者の大半に選ばれるのが、海洋散骨です。

　海岸ではなく沖合の離れた所で、かつ養殖場などの近くを避け、水溶性の紙に小分けした遺灰を海に沈め、花束ではなく花びらを撒くのが一般的な方法です。

　海洋散骨には、次の㊀〜㊂があります。

㊀**個人散骨**：20 〜 30万円程度

　　一組の家族だけで船をチャーターする方法。希望の日に出航でき、家族・親族のみで実施するので、落ち着いてお見送りが可能。

㊁**合同散骨**：10 〜 20万円程度

　　何組かの家族が、同じ船で散骨する。出航日時が指定されるが、船のチャーター代を折半するので安価。

＊北海道長沼町、埼玉県秩父市、本庄市、静岡県御殿場市、熱海市、長野県諏訪市などの自治体は、散骨を規制している。

> **㊂委託散骨**：5〜10万円程度
>
> 遺族は乗船せず、業者が代行して散骨する。散骨が実施された証拠として、証明書や写真が届けられるサービスが含まれていることが多い。
>
> 海洋投棄まがいの方法で、ただ遺骨を海に投げ入れてしまう悪質な業者もあるので注意。

海洋散骨業者を選ぶときのポイントは、旅客を乗せて運搬する許可を得ている船を使用しているかどうかです。「漁船」「釣り船」は、遺族を乗せて運航することができません。

海洋散骨には墓標がないため、後日、遺族が再び同じ場所に向かうためには、遺骨を撒いた場所が分からなければなりません。そのため、ほとんどの業者は、散骨した場所の海図に緯度・経度と日時を記した「散骨証明書」を発行してくれます。

(3) 散骨された有名人

①石原裕次郎（俳優・湘南沖）

兄の石原慎太郎さんが、「海を愛していた弟は、海に還してあげたい」と海洋散骨を計画。当初は法解釈の問題から認められず断念しましたが、後に法務省の見解転換等から実現し、遺骨の一部が相模湾に散骨されました。

②立川談志（落語家・ハワイ）

生前から「葬式は要らない。お経も要らない。人に言うな。戒名も自分でつける。お骨は海へ」と言い、ご自身の終活プランをご家族に死後事務委任していました。ちなみに、自分でつけた戒名は「立川雲黒斎家元勝手居士」です。

③勝新太郎（俳優・ハワイ）

　兄・若山富三郎さんといっしょに、蓮乗寺（東京都港区）に埋葬されていますが、その遺骨の一部は、好きだったワイキキ沖で散骨されました。

④藤沢秀行（囲碁棋士・周防灘）

　「死んだら墓のような狭い所に入りたくない」と、景色のよい瀬戸内海の周防灘へ散骨を希望しており、実現しました。

⑤乙羽信子（女優・宿祢島）

　ご本人が主演した映画「裸の島」の撮影場所である、広島県宿祢島（宿禰島）付近の海に、遺骨の半分が散骨されました。また、夫の新藤兼人さん（映画監督）も、同じく宿祢島に散骨されました。その後、遺族が無人島である宿祢島を購入し、三原市に寄贈しています。

⑥横山やすし（漫才師・宮島競艇場）

　ご本人の遺志により、自らの艇を置いていた宮島競艇場で、遺骨の一部が散骨されました。ちなみに、残りの遺骨は南大阪霊園（大阪府河内長野市）にあり、その墓石の横には石碑も残っています。

⑦藤圭子（歌手・場所不明）

　長女の宇多田ヒカルさんによれば、ご本人の遺志により、通夜・葬儀・納骨は行われず、散骨されたそうです。

　このほか、いずみたく（作曲家・相模湾）、沢村貞子（女優・相模湾）、荒井注（コメディアン・ケアンズ）、hide（ミュージシャン・

ロサンゼルス）、中島らも（作家・大阪湾上空）、梨本勝（芸能レポーター・東京湾）といった方々が、散骨されています。

海外では、マハトマ・ガンジー（政治指導者・ガンジス川ほか）、周恩来（政治家・中国上空）、鄧小平（政治家・中国領海）、エドウィン・ライシャワー（駐日アメリカ大使・太平洋）、アルベルト・アインシュタイン（物理学者・デラウェア川）、ヴィヴィアン・リー（女優・ティッカレジ・ミル湖）、マリア・カラス（オペラ歌手・エーゲ海）、イングリッド・バーグマン（女優・スウェーデンの海）、ジョージ・ハリスン（ミュージシャン・ガンジス川）、クライド・トンボー（天文学者・宇宙）、イズラエル・カマカヴィヴォオレ（ハワイアン歌手・ハワイ）といった方々が、散骨されています（順不同・敬称略、一部散骨を含む）。

海外での散骨希望者で圧倒的に多いのが、ハワイです。散骨の規制がないからです。

ただし、ハワイ州法には「海岸より３マイル（約4.82km）以上沖合でないと海洋葬を認めない」というルールがあります。また原則として、海洋葬をした場合、30日以内にアメリカ合衆国環境保護庁に報告する必要があります。

---

2 人気急上昇中の樹木葬

樹木葬は、墓地に遺骨を埋葬し、墓石の代わりに樹木を墓標とする埋葬法です。樹木葬墓地の種類は大きく分けて２種類あります。遺骨を埋葬するたびに新しい苗木を１本植える個人墓（または家族墓）と、墓地の中央にシンボルツリーを植えその周辺に遺骨を埋葬する合葬墓（または共同墓）です。

　遺骨は納骨室ではなく直接土の中に埋葬し、埋葬場所に名前など
を彫ったプレートを置いて目印とし、墓標として樹木を植えます。
散骨と樹木葬の違いは、散骨は墓地以外の場所に撒くのに対し、樹
木葬は墓地として許可を得た場所に埋める点です。

　日本初の樹木葬は 1999 年、岩手県一関市 祥 雲寺（現・知勝院）
で行われました。ここは自然と一体となるイメージが強く、1 人 1
本植樹をする里山型樹木葬を行っています。

　また、里山型樹木葬を行っている千葉県いすみ市の天徳寺は
2009 年から樹木葬の運営を通じて、里山の再生と環境保護活動、
世界の恵まれない子供達への生活支援を行っています。

　千葉県市原市の大通寺市原南霊園は 2009 年に設置され、「樹木葬」
「個人合葬墓型すみれ葬」「合同合葬墓型やよい葬」そしてペットも
いっしょに埋葬できる「里山樹木葬」「里山樹木葬Ⅱ」の 5 つの埋
葬タイプを提供しています。希望により氏名などを刻んだプレート
を設置でき、墓標となる木はサツキ、シャクナゲ、マンリョウ、ア
セビ、ツバキ、モミジなど約 30 種類あります。

　公園型樹木葬としては、2006 年に日本初の公営霊園として、横
浜市が横浜ドリームランドの跡地を再開発した、横浜市営墓地メモ
リアルグリーンがあります。ここでの樹木葬は個人墓の考え方を取
り入れ、1 人 1 区画に埋葬し、継承を必要としないお墓として造ら
れています。

　また、東京都立小平霊園は、都立霊園初の樹木葬・樹林墓地とし
て 2012 年に誕生しました。初年度 500 体の募集に対して、8,000 人

以上（16.3倍）の応募があり、散骨・樹木葬の人気のほどが伺われます。シンボルツリーはコブシやナツツバキなどの樹木です。

　この小平霊園では、樹林墓地の合祀と、樹木墓地の個別埋葬とに分けられています。合祀は他の人の遺骨といっしょに埋葬する方法ですので、一度遺骨を埋葬すれば取り出すことはできません。個別埋葬とは、30年間個別区画に埋葬してその後合祀する樹木葬です。小平霊園は生前の申込みが可能です。

　樹木葬が人気のある理由は、**宗教に縛られず、家に縛られず、お墓の管理や維持が簡単で、継承する人の心配がない**ことです。しかも自分の終活プランとして、遺言と同じように故人の遺志で決めることができます。そのうえ、植樹することで里山の自然環境保護という社会的ニーズにも合っています。

　このように、樹木葬の多くは個人墓であり、おひとり様、子供のいない夫婦のように継承者がいなくても購入が可能で、散骨と違ってお墓参りができるので人気があります。

　注意点として、樹木葬は、三十三回忌までは遺骨を預かってもらえますが、その後は合葬墓で永代供養するのが原則です。遺骨を骨壺に納めないので、一度埋葬すると遺骨を取り出すことが原則としてできません。このため、手元供養も行うことで、遺骨を手元に残す方法もあります。

❸　散骨・樹木葬を希望するなら 『死後事務委任契約書』

　散骨や樹木葬の予約はできますが、誰がその人の死亡を葬儀業者に知らせたり、散骨・樹木葬までしてくれるのでしょうか。また、

誰が実際に海洋散骨を行うのでしょうか。どこの海で、どの散骨業者に依頼するのか、はたしてどのような「散骨証明書」を発行してくれるのでしょうか。散骨証明書に散骨した場所（海図）に緯度・経度が記してあれば、後日故人を偲んで再び同じ場所に向かうこともできるでしょう。

　遺骨をすべて散骨してしまうと、当然遺骨は手元に残りません。一部散骨であれば、残りの遺骨はお墓に埋葬したり、手元供養したりすることもできます。

　散骨をするためには、遺骨を細かくパウダー状にする必要があります。また、散骨には船のチャーター費用、乗船中のセレモニー費用がかかります。一方、樹木葬には墓地の購入費用、毎年の管理費用などがかかります。

　いずれにしても、自分の遺志を実現しようと思えば、誰がいくらの費用で何をするのかを、生前に決めておく必要があります。散骨や樹木葬は、故人の遺志と家族や相続人との考え方に食い違いが生じて実現できないこともあります。

　死後事務委任契約は、葬儀や散骨、樹木葬等自分の死後に生ずる事務を生前に委任しておく契約です。この契約は本人が死亡すると同時にスタートします。

　死後も他人に迷惑をかけたくない、死後のことも自分の遺志で決めておきたい。このような希望をかなえてくれるのが『死後事務委任契約書』です。

Ⅸ 献体・臓器提供・アイバンクと『死後事務委任契約書』

> **ポイント**
>
> 　脳死状態で臓器提供、死後に献体や眼球の提供する場合には、誰に依頼するかを決め、『尊厳死宣言書』『死後事務委任契約書』を作成する。

1 献体と『死後事務委任契約書』

(1) 自分の死後、人のお役に立ちたい人のための献体

　自分の死後、人のお役に立ちたい、社会のお役に立ちたいという思いがあるとき、献体や臓器提供、献眼等の選択肢があります。そのためには各々の団体への登録と自分の遺志を表明し、『死後事務委任契約書』を作成する必要があります。

　献体は、医科・歯科大学における解剖学の教育と研究のために、死後、無条件・無報酬で自らの遺体を提供することです。

　献体運動の始まりは、かつて文部科学省の指針として、医学部学生2人に1体、歯学部学生4人に1体のご遺体という基準がありましたが、当時全国の大学で基準を満たすことができず、医学教育の危機を憂えた人たちが献体を思い立ち、大学に申し出たのがきっかけでした。1983年5月に「医学及び歯学の教育のための献体に関する法律」が制定され、初めて献体というものが法制化されました。

　献体するためには、献体したい大学または献体の会へ名前を登録しておきます。亡くなったとき遺族あるいは関係者が、その遺志に

よって遺体を大学へ提供することによって実行されます。

　奈良医科大学、近畿大学、札幌医科大学などは白菊会、東京医科大学は東寿会、愛知県にある5大学は「不老会」という名称で登録を受け付けています。なお、登録先は大学病院ではありません。

　遺族の中に1人でも反対者がいると献体は実行されず、本人の遺志は生かされません。登録時にあらかじめ肉親の同意を得ておくことが大切です。「肉親」の範囲については、おひとり様や1人暮らしも含めて、献体したい大学や献体の会によく確認しておく必要があります。病気や障害、手術をした場合、もしくは臓器提供を希望する場合は、登録を受け付けない大学や献体の会もあります。

　全国に献体篤志家団体は62あり、2018年3月時点の献体登録者総数は約29.6万人、そのうち献体された方は約13.5万人に達しています。献体された有名人には、大辻伺郎さん（俳優）、細川俊之さん（俳優）、南道郎さん（俳優）らがいます。

　登録後献体を実行するには、献体登録大学へ直接電話して葬儀の日取り、ご遺族の予定、ご遺体の引き取りの日時や手順を大学と相談します。葬儀の後、ご遺体は献体される大学へ運ばれます。解剖学実習終了後、ご遺体は一体ごとに大学で火葬され、遺骨がご遺族に返却されます。献体されて遺骨がご遺族に返還されるまでの期間は通常2〜3年程度です。ご遺体移送費と火葬費は、大学が負担します。後日、献体者に対して文部科学大臣から感謝状が贈呈されます。

　献体に関するよくある誤解が、献体すると高額なお金がもらえるとか、家族が葬儀をしなくてもよいとか、葬儀の際ご遺体がない等です。これらはいずれも間違いです。

（2）愛知県のユニークな献体団体「不老会」

　愛知県に、全国的にもユニークで大きな献体の会「不老会」があります。

この不老会の成り立ちにまつわる、「愛知用水」の生みの親と言われた久野庄太郎翁の秘話をご紹介します。愛知用水は、知多半島へ木曽川から112kmの水路を引くという国家的な大事業で、56名の犠牲者を出しました。この出来事をきっかけに久野庄太郎翁は、名古屋大学の勝沼精藏総長の助言により、多くの犠牲者の霊を慰めるため自らの遺体を医学解剖に提供することを決意して、昭和37年、不老会を創設したのです。

不老会の特徴は、一つの大学で実施するのではなく、名古屋大学、名古屋市立大学、愛知学院大学、藤田保健衛生大学、愛知医科大学の5大学で献体を順番に登録している点です。この不老会には、2019年3月31日時点で24,253名の献体登録があります。

不老会の場合、臓器提供された方は献体できませんが、献体と同時に献眼（片方の目のみ）して、角膜を愛知県アイバンクに提供することはできます。また、交通事故死や変死の場合も献体できません。死亡した時点で危険な感染症（B型肝炎、D型肝炎、エイズ、梅毒、新型インフルエンザ、ヤコブ病など）に感染している場合にも、献体できない場合があります。

ご遺体は2～3年後、名古屋市立八事霊園斎場で火葬され、返還されます。献体者のご遺志をたたえ、名古屋市平和公園に「献体の塔」を建立し、毎年5月に献体者の顕彰式と新しく献体された方のご名札納め式が行われています。

不老会への登録にあたっては、献体に反対されることのないように、原則として三親等以内の成人4名の同意を得ることを入会の条件とし、入会年齢は原則として60歳以上となっています。

いずれにしても、本人の献体の遺志を実行できるかどうかは、親族や身近な関係者だけが頼りになるので、献体する場合は、『死後事務委任契約書』に肉親の同意や献体の目的、手続きなどを記載しておくことが重要です。

❷　臓器・眼球提供と『死後事務委任契約書』

（1）臓器提供

　臓器移植は、重い病気や事故等により臓器の機能が低下し、移植でしか治療できない方（レシピエンド）と、死後に臓器を提供してもよいという方（ドナー）を結び、組織や臓器を移し植える医療です。この橋渡しをする日本で唯一の組織が、公益社団法人日本臓器移植ネットワークです。

　1997年10月に臓器の移植に関する法律ができ、**本人が脳死後に臓器提供する意思を書面により表示し、かつ家族が同意する場合に限り、法的に脳死が人の死と認められ脳死移植ができる**ようになりました。さらに2010年7月の法改正により、脳死移植は15歳未満のドナーであっても、本人が提供拒否の意思表示をしていない限り、家族の同意が得られれば認められるようになりました。

　臓器提供は、脳死後あるいは心臓が停止した死後にできます。脳死後に提供できる臓器には心臓・肺・肝臓・腎臓・脾臓・小腸・眼球があり、心臓が停止した後に提供できる臓器には腎臓・脾臓・眼球があります。

　このうち腎臓の移植には、肉親や配偶者から腎臓を提供してもらう生体腎臓移植と、亡くなった方から腎臓をいただく献腎臓移植の2つがあります。生体腎臓移植の場合、ドナーとレシピエンドの年齢について、一般的には70歳程度までが目安とされています。日本透析学会の調査によると、2017年12月末時点の透析患者数は33.4万人である一方、腎臓移植を受けている方はごく少数です。

　臓器提供したい方（ドナー）の意思表示の方法は大きく分けて3つがあります。1つ目はインターネットによる意思表示です。2つ目の方法は健康保険証、運転免許証、マイナンバーカードの意思表

示欄への記入、3つ目の方法は意思表示カードへの記入です。2019年6月時点で、約15万人の臓器提供意思登録者がいます。

臓器の移植を希望する方（レシピエンド）は、まず日本臓器移植ネットワークへ移植希望登録をします。次に、年1回以上の診察と評価を受けることが登録更新の必須条件になり、移植候補者に選ばれたとき速やかに検査が行えるように、年1回の採血も必要になります。

ドナーが発生したら、臓器ごとに移植希望者選択基準に基づき、レシピエンドを公平に選びます。そしてレシピエンドに主治医または移植コーディネーターから電話連絡があり、入院・移植手術になります。移植登録希望者数は、2019年6月時点で約1.4万人で、実際に移植を受けられる方は年間約300人とごく少数です。

（2）眼球提供のアイバンク

よく耳にする言葉にアイバンクがあります。アイバンクは、死後（心停止および脳死後）、眼球を提供して角膜移植*待機患者に「眼球あっせん業」を行う、厚生労働大臣の許可により運営が許されている公的機関です。全国に54のアイバンクが存在します。累計の登録者数は約120万人、献眼者数・移植者数は約4万人で、献体や臓器提供よりも幅広く登録されています。

近視や老眼でも角膜移植に用いることができます。また、アイバンクにはどなたでも献眼でき、年齢制限もありません。献眼すると処置する眼科医が義眼を装着するため、特に外見上の変化はありません。ただし、眼内のがんや白血病などの方の角膜は、移植に用いることはできません。

　　　＊角膜移植……角膜が外傷や感染症、遺伝的疾患などにより透明性を失ったり、あるいは変成や変形により目のフイルムに当たる網膜に像が結ぶことができなくなった場合に行われる手術。

　なお、法律で臓器提供や眼球提供は親族に対して優先的に行うことができるようになりました。

◆献体・臓器提供・アイバンク

	献　　体	臓器提供	眼球提供
登録方法	医科大学や献体の会へ登録	・インターネット登録 ・健康保険証・運転免許証・マイナンバーカードで登録 ・臓器提供意思表示カードで登録	全国54のアイバンクへ登録
登録人数	・献体登録者 　29.6万人 ・献体者数 　13.5万人	・臓器提供登録者 　15万人 ・移植希望登録者 　1.4万人	・累計登録者 　120万人 ・献眼者・移植者 　4万人
家族の同意	必須	必須	必須
親族への提供		優先的に提供できる	優先的に提供できる
登録年齢	大学や献体の会により登録年齢は異なるが、原則40～60歳以上が多い	年齢制限はないが、15歳未満は家族の同意が必要	年齢制限なし

　自分の死後、誰かのお役に立ちたい、何か小さなことでも社会のお役に立ちたいと考え、大学の医学部に献体したり、移植を希望する人のために日本臓器移植ネットワークやアイバンクに登録される方は、意外に多くいらっしゃいます。しかし、残念ながら登録した人全員の遺志が実行されるわけではありません。家族や身近な関係者の反対を受けたり、亡くなってから家族が関係団体へ連絡することを忘れていたりすることが原因です。

　死後の献体や臓器提供に関して自分の遺志を実現するためには、遺言書と『死後事務委任契約書』をいっしょに作成することが重要です。また、脳死状態で臓器提供する場合もあるので、脳死状態になったとき医療関係者に延命治療をしないように希望する『尊厳死宣言書』も、それらといっしょに作成すべきでしょう。

　つまり、献体や臓器提供で自分の遺志を実現するためには、「生前契約書＋遺言書」の作成がベストな方法といえます。

第2章
生前契約書と遺言書の関係

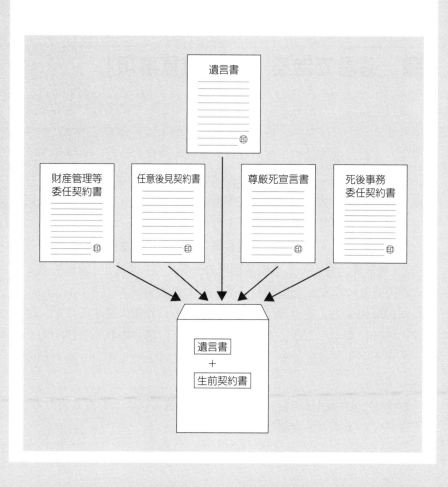

I 遺言できること、遺言できないこと

ポイント

遺言書には法的な拘束力があることとないことがある。葬儀やお墓の死後の後始末に関しては法的な拘束力がないので、『死後事務委任契約書』を作成する。

1 遺言できる「法定遺言事項」

遺言書に書いたからといって、必ずそのとおりに実行できるとは限りません。なぜなら、自分の死後の後始末は自分でできないからです。また、遺言は相手方のない、単独の法律行為だからです。

自分の死後のことは、誰かに依頼するほかありません。ゆえに、誰に何を相続させるのか明確にするのが「遺言書」であり、誰に何を頼むのかを明確にするのが「生前契約書」です。

遺言書を作成するときは「遺言書に書いて法的な拘束力を持つこと」「遺言書に書いても法的な拘束力を持たないこと」「遺言することができないこと」を区別して書くことが大切です。

法的な拘束力を持つのは、大きく分けて、相続に関すること、財産の処分に関すること、身分に関すること、遺言の執行に関することの４つです。遺言書がある場合、法定相続分の規定より遺言が優先します。

以下①～⑪の項目については、法律上、「遺言によってできる行為」とされています（法定遺言事項）。

①財産の処分

たとえば「不動産は長男に、預貯金は長女に相続させる。」というように、誰にどの財産を相続させるかを遺言で指定できます。

また、相続人以外の第三者（孫や長男の嫁）に財産を贈ることも遺言で指定できます。これを遺贈といいます。

②相続人の廃除・廃除の取消し

被相続人（亡くなった人）が、自分に対して著しい非行（暴力や暴言など）があった相続人に財産を相続させたくない場合、相続人から廃除できます。また、廃除を取り消すこともできます。

なお、相続人の廃除は、生前に家庭裁判所に申し立てることもできます。

③相続分の指定

相続人に本来の法定相続分と異なる割合で相続させるように指定したり、その相続分の指定を第三者に委託することができます。

たとえば長男・次男・長女の３人の相続人がいる場合、法定相続分は３分の１ずつになります。それを長男６分の４、次男６分の１、長女６分の１というように、差をつけて指定することができるのです。

ただし、遺留分の規定に反することはできません。

④遺産分割方法の指定

遺産の分割方法について、あらかじめ遺言で指定しておくこともできますし、その分割方法の指定を第三者に委託することもできます。

たとえば「長男に自宅を相続させる代わりに、妻と同居して、老後の面倒をみてほしい」などと指定することです。

特別受益者がいる場合、その「特別受益の持戻し」を免除することもできます。「特別受益の持戻し」とは、相続人の中で被相続人から遺贈を受けたり、生前に資金援助を受けた場合（「特別受益」があった場合）、相続の前渡しを受けたものとして、いったん遺産に加えた後、相続分から差し引いて計算することです。相続の際「特別受益」がある場合、遺産を法定相続で分けると不公平になるため、この制度があります。

⑤遺産分割の禁止

死後、5年以内に限って遺産分割を禁止することができます。

⑥相続人相互の担保責任の指定

相続人同士がお互いに公平な分配を行うために、その相続分に応じて担保の責任を負います。

たとえば、遺言書どおり財産を分割しようとしたところ、骨董品に傷がついていて価値がなくなっていた場合、その価値が減った分を他の相続人が金銭で穴埋めすることを「担保責任」といいます。

あらかじめ遺言によって、特定の相続人に担保責任の内容を指定することもできます。

⑦遺留分の支払い方法の指定

遺留分＊を侵害する遺言、たとえば、複数の相続人がいるのに「長男にすべての財産を相続させる」と書くと、遺留分を侵害された相続人が遺留分を請求する事態が起こりえます。このような

＊遺留分……被相続人（亡くなった本人）が、相続人に対して、法律上必ず遺しておかなければならない相続財産の一定割合分。

事態を回避するため、あらかじめどの財産から遺留分を支払うのかといった手順を決めておくことができます。

しかし、このような方法は取らないほうがよいでしょう。なぜなら、遺留分を侵害された相続人は「感情」と「勘定」（終章Ⅱ**相続は感情と勘定の問題**参照）が収まらず、相続人間の溝が深まるばかりだからです。相続人の遺留分だけは、最初から遺言書内で相続させるようにしたほうが賢明です。

相続人間で財産額に格差をつけ、かつトラブルにならないようにするには、生命保険の活用が一番です。生命保険は相続財産ではないので、遺留分の対象外で、遺産分割の対象外でもあるので、特定の相続人に多く財産を遺すことができます。

⑧祭祀主宰者の指定

先祖代々の仏壇やお墓等の祭祀財産や故人の遺体・遺骨を承継する人を、祭祀の主宰者として指定できます。

祭祀主宰者には、相続人以外でもなることが可能です。

⑨非摘出子の認知

結婚していない内縁の妻などが生んだ子供を「非嫡出子」といいます。父親が非嫡出子を認知して、財産を相続させることができます。

非嫡出子の相続分は従来嫡出子の2分の1でしたが、法律の改正により嫡出子と同じ割合になりました（遺産分割審判に対する抗告棄却決定に対する特別抗告事件、最高裁平成25年9月判決）。

⑩未成年後見人、未成年後見監督人の指定

自分が亡くなった後、子供が未成年者で気がかりだという人は、自分に代わって子供の監護や財産管理などを行ってくれる未成年

後見人を指定できます。また、その人がきちんと義務を果たしているのかどうかを監督する未成年後見監督人も指定できます。

⑪遺言執行者の指定

　遺産である不動産の登記や金融機関の預貯金の払戻し、解約などの手続きが必要となる場合、遺言の内容を確実に実行するために遺言執行者を指定できます。また、その手続きを第三者に委託することもできます。

2　遺言書に書いても法的な拘束力がない「付言事項」

　以上の①〜⑪が、法律によって遺言できる法定遺言事項です。一方、法定遺言事項と異なり法的に拘束力はないが、遺言書に記載することができる事項を「付言事項」といいます。

◆付言事項の例

- ・遺言者の葬式や法要のやり方を指示すること。
- ・遺言者の死後に献体、臓器提供、角膜を提供するように指示すること。
- ・散骨・樹木葬などの遺骨の処理方法を指示すること。
- ・遺言者の死後に犬や猫の世話を指示すること。
- ・長男は遺された母親の世話をすること。
- ・兄弟姉妹が仲良くして家を盛り立てること。
- ・後継者である長男は会社が末永く繁栄するために努力すること。

・自分の死後の会社の後継者を指名すること。

・会社の社訓や家の家訓を代々守るように指示すること。

・長男に不動産と会社を相続させるので次男と長女は遺留分を放棄してほしい。

・遺言者の死後に妻は再婚せず先祖伝来の不動産を守ってほしい。

　これらの付言事項は、遺言者の思いや希望であり、法的な拘束力はなく、相続人らに強制することはできません。亡くなった人の思いや希望が実行されるかどうかは、相続人らの意思によることになります。実行するには手間とお金を要し、法要や母親の世話、ペットの世話など継続的に行う必要があるものもあります。

　自分の思いや希望を死後に実現したいのであれば、誰に何を依頼し、その費用はいくらでということを、具体的に生前に取り決めておく必要があります。つまり、生前契約で『死後事務委任契約書』を、元気なうちに作成しておく必要があるということです。

❸　遺言することができないこと

　相手の合意が必要な婚姻、離婚、養子縁組などについては、単独の法律行為である遺言で行うことはできません。また、債務の分割方法の指定についても同じことがいえます。債務については銀行などの金融機関を拘束できないため、亡くなった人の債務を特定の相続人に相続させる遺言をすることはできません。

　よくある誤解で、アパート・マンション・倉庫などの建築資金として銀行などから借り入れたローンは、その賃貸物件を相続した者

が承継するのが当然と思っている人が多くいます。**アパートローンなどの債務は、相続発生と同時に、自動的に相続人にその法定相続割合で承継**されます。ですから、債務や連帯保証人などといったマイナスの財産を相続するときは、相当な注意が必要です。ましてや「借金すると相続税が下がるのでトクだ」などという間違った考えは危険です。

　たとえば、次のような場合。

> ・被相続人：父親
> ・相　続　人：母親、長男、次男の３名
> ・Ａ銀行の債務：１億円

　法律上この債務は、相続発生と同時に、法定相続分の割合で母親5,000万円（法定相続分２分の１）、長男2,500万円（法定相続分の４分の１）、次男2,500万円（法定相続分の４分の１）ずつ自動的に相続されます。

　相続人間の遺産分割協議で長男が債務１億円を承継すると決めても、Ａ銀行の同意がなければ実現できません。Ａ銀行は妻に対して5,000万円、次男に対して2,500万円の返済を求めることができます。妻と次男が債務返済から逃れるためには、Ａ銀行の同意が必要になります。したがって、たとえ遺産分割協議で相続人３名が「１億円の債務は全部長男が承継する」と合意しても、実行できるとは限りません。

　債務がある場合、相続人間の遺産分割協議書の作成と銀行の同意取り付けが必要になります。その上、他の相続人との間で「免責的債務引受契約」の締結も必要になります。

　具体的には、長男の配偶者や子供などが新たな保証人となる手続きが必要です。その際、保証人問題で長男とその妻が家庭内トラブルになったり、債務の遺産分割で相続トラブルに発展したりするこ

ともあります。

4 遺言書に書いても無意味な死後の後始末

(1) 葬儀・お墓参り・献体の希望は死後事務委任契約書で

遺言書で葬儀や法要のやり方を指示している人が、よくいます。たとえば、「通夜、葬儀、告別式は派手にせず、質素にすること。会葬者からの香典や供花等は固く辞退してほしい。また葬送の際は自分の好きな音楽を流してほしい……」などと遺言書に書いているのです。

葬儀や法要に関する自分の思いや希望を遺言書にいくら書いても、それは付言事項になり、法的な拘束力を持ちません。自分の考えが実現するかどうかは、実際に葬儀を行う遺族（相続人）の判断になります。遺言書どおり実行しなくても、特に罰則もありません。

そもそも、遺言書は生前に公表するものではなく、死後に公表するものです。このため、死後すぐに行われる葬儀に間に合わないこともあります。死後すぐに公表できたとしても、葬儀に時間的な余裕はなく、本人の希望するようには実行できないでしょう。

葬儀に関する希望は、生前の元気なうちに『死後事務委任契約書』に記載し、その手続きを本人（委任者）と依頼される人（受任者）で契約しておく方法がよいといえます。

先祖代々の墓地や仏壇等の所有権を受け継ぐ人（祭祀主宰者）を、遺言によって指定できるのは、前述のとおりです。遺言で指定がないときは慣習によりますが、慣習が明らかでないときは家庭裁判所が承継者を決めます。

祭祀主宰者は相続人や親族以外の人もなれますし、別に姓が同じでなくてもかまいません。原則として１人に限られます。

しかしながら、**祭祀主宰者に指定されたからといって、葬儀や埋葬、墓参りを必ずしなければならないという法的な拘束力はありません**。遺言書に墓参りや散骨、永代供養などのことを書いても、本人の思いや希望が必ず実現できる保証はありません。やはりここでも死後事務委任契約で、本人が自分の死後を託す人と契約を結ぶ必要があるのです。

◆**葬儀などの指示をするケース**

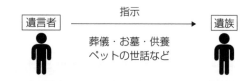

前章にて述べた**献体や臓器提供も、葬儀と同じ理由で、遺言書では法的な拘束力を持たせられません**。

本当に献体や臓器提供されるかどうかは、遺族（相続人）の判断に委ねられます。これも葬儀と同じように、生前の元気なうちに『死後事務委任契約書』に記載し、その手続きを本人（委任者）と受任者間で契約しておきましょう。

(2) 死後のペットの世話は死後事務委任契約で

「一人暮らしで自分が亡くなったとき、犬や猫が路頭に迷うことになるのでかわいそう」という人にしばしば出会います。自分の死後、ペットの世話を頼みたいという人は多いようです。

遺言書でペットの世話を依頼しても、これまた葬儀と同じように法的な拘束力はなく、意味がありません。

どうしても遺言によってペットの世話を依頼したいのなら、「負担付遺贈」という方法があります。「自分の死後、依頼した相手がペッ

トを飼育する義務を負う」という負担をつけて金銭を遺贈するのです。とはいえこの方法は、金銭には法的な効力が発生しますが、ペットの世話にまで効力が及ぶわけではありません。ですから、この方法はあまりお勧めできません。

　順番としてはまず自分の葬儀と火葬があり、その後にペットの継続的な世話があります。したがって、遺言ではなく『死後事務委任契約書』を作成し、生前の元気なうちに、亡くなる本人（委任者）とその死後ペットの世話をする人（受任者）が、ペットのお世話など具体的な内容を全部定めて契約をしておく方法がベストです。

遺言書に書いても法的な効力がないこと
①婚姻、離婚、養子縁組、債務の分割方法
②延命治療→『尊厳死宣言書』に書く
③葬儀・お墓・供養・ペットの世話→『死後事務委任契約書』に書く
④献体・臓器提供など→『死後事務委任契約書』に書く

　ここまでみてきたように、遺言書は死後において、財産の処分については重要な役割を果たすものの、その他さまざまな後始末までは法的な拘束力を持ちません。したがって、別途『死後事務委任契約書』を作成しておくことが大切です。

**自筆証書遺言は
書かないほうがよい**

ポイント

　自筆証書遺言では通常、金融機関での預貯金の払戻しができない。自筆証書遺言では家庭裁判所の面倒な検認という手続きがあるため、「公正証書遺言」で作成したほうがよい。

1　自筆証書遺言と公正証書遺言の比較

（1）最近の相続争いの特徴

　やや古いデータですが、家庭裁判所に持ち込まれる相続関係の相談件数は、平成 14 年には約 9.6 万件、平成 24 年には約 17.4 万件と、10 年間で約 1.8 倍になっています。平成 24 年に死亡した日本人は約 125 万人とのことですが、そのうちおよそ 14％は相続問題でもめていた計算になります。

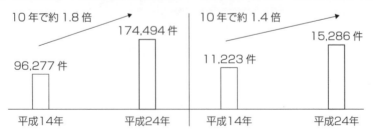

◆家庭裁判所の相続関係相談件数　◆家庭裁判所の遺産分割事件数

10 年で約 1.8 倍　　174,494 件　　　10 年で約 1.4 倍　　15,286 件

96,277 件　　　　　　　　　　　　11,223 件

平成14年　　　平成24年　　　平成14年　　　平成24年

（最高裁判所「司法統計年報」を基に作成）

　家庭裁判所に行くほど深刻ではなくても、１年以上経過しても遺産分割協議書が作成できないケース、不動産を共有にして相続問題を先送りしているケースもあります。遺産分割協議書を作成し、相続人が署名・捺印しても、自分の割合が少ないと思って不満を持っているケースなども含めると、実際の相続問題は40～50％と推測されます。ということは、少なくとも１年間に40～50万人の人は公正証書遺言を書くべきだったということです。

　しかし、実際に公正証書遺言を書いている人は、平成30年度で約11万件（亡くなる人の８％程度）です。

　「私が死んだら子供に財産を譲る」という「念書」や「覚書」を、親と子供の間で作成している人がいます。これらは法的な拘束力がなく、遺言の効力が認められることもありません。自分の死後、あの世からどうやって「念書」なり「覚書」を実行できたかどうか確認をするのでしょうか。**生前に死後のことを自分が指示する方法は遺言書と『死後事務委任契約書』の２つ**が有効であるといえます。

　最近の相続争いには３つの特徴があります。

①相続財産で紛争が起きやすいのは不動産がある場合

　不動産（土地・家屋）は分割が難しいため、残された遺族がもめる要因となります。よくあるのは、主な遺産が自宅１軒のみで、相続人の誰かがそこに居住しており、相続人が複数いるケースです。

②家庭裁判所に相続相談にいっても、調停までいかない

　平成24年の家庭裁判所への相続関係の相談件数は17万4,494件ですが、調停や審判の遺産分割事件になった件数は１万5,286件で、相続相談件数のわずか8.8％です。相続で不満はあるが言い出しにくい、肉親同士で争いをしたくない、当面は困らないな

どの理由で相続問題を先送りしている人が多いことがうかがえます。

③遺産分割調停で多いのは財産が少なく相続税のかからない事案
実に**遺産分割事件の 70％は、遺産総額が 5,000 万円以下の相続**です。相続税の申告がないので、10 か月以内の納税という切羽詰まった状況にならず、時間をかけて争いができるからでしょう。

遺言には普通方式と特別方式があり、一般的には普通方式が使われます。普通方式には「自筆証書遺言」「公正証書遺言」「秘密証書遺言」の 3 種類があります。

◆遺言書の種類

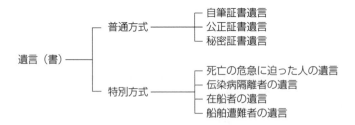

自筆証書遺言は、本来は遺言者自身が、全文を自筆で書くものです＊。本当に本人が書いたかどうか証明することが難しいというデメリットがありますので、自筆証書遺言を書くことはお勧めしません。

＊2019 年 1 月より、自筆証書遺言の財産目録については、パソコン等で作成したり、預貯金通帳のコピーを相続財産の目録とすることも、認められることになりました。ただし、財産目録の各ページに署名・押印することが必要です。

　公正証書遺言は、公証役場で証人２名以上の立会いのもと、遺言者が遺言の趣旨を公証人に口述して作成します。公正証書遺言を作成しておけば、訴訟なしで裁判の判決を得たのと同じ効果があり、遺言を執行するのに時間もかかりません。また、公正証書遺言があれば、異議申立てや訴訟を諦めることにつながり、相続争い防止対策になります。

(2) 公正証書遺言の２人の証人探しはけっこう大変

　公証人制度は明治19年（1886年）にできました。公証人は法務大臣によって任命される「特別な国家公務員」です。公証人は、国から一切給与はもらっていない個人事業主です。つまり、身分は国家公務員ですが、報酬は自分で働いて稼ぐ自営業であり、弁護士や税理士事務所と同じ仕組みとなっています。

　公正証書遺言を作成するには、２人の証人が必要です。証人には誰でもなれるわけではなく、次の人たちは証人にはなれません。

> ✘ 未成年者
> ✘ 推定相続人と受遺者（遺贈を受ける人）の親族、またこれらの配偶者や直系血族（子供・孫・親・祖父母など）
> ✘ 公証人の配偶者、４親等内の親族、公証人の書記や使用人

　この条件があるため、公正証書遺言を作成したいのに「証人」を頼める人がおらず、遺言作成が実現しない人は多いのではないでしょうか。また、証人は遺言の内容をすべて知る立場であり、他人に口外しない安心できる人を探すことは簡単ではありません。遺言の内容を親族に知られると、相続トラブルの原因になります。証人探しは意外と難しいのです。

(3) 自筆証書遺言では預金の払戻しが困難

　遺言を作成したら、いつかそれを執行するときがやってきます。遺言執行は、不動産の登記や、金融機関での預貯金の払戻し・解約が主な業務になります。このような場合、**銀行は自筆証書遺言では預金の払戻しに応じないことが多い**ようです（銀行内部の実務規定によります）。したがって、被相続人（亡くなった本人）名義の預金を下ろそうとする場合、相続人全員の同意書か、遺産分割協議書がなければ預金の払戻しをしないのが一般的です（預貯金仮払い制度等の例外を除きます）。つまり、「相続人全員の同意書を取ることや遺産分割協議書が難しい」と思って自筆証書遺言を作成しても、実際には役に立たないことが多いのです。

　銀行が預金の払戻しをしたがらないのは、自筆証書遺言は証人が不要なため誰でも簡単に作成することができ、相続人間に争いが起きやすいからです。また銀行は、相続人間の争いに巻き込まれるリスクを避けたい立場です。さらに自筆証書遺言で預金を払い戻した場合、銀行の責任が免除されるためには、払戻しにあたって善意かつ無過失であったという要件が必要であり、その立証が難しいからです。

　一方、銀行に公正証書遺言を持参して預金の払戻しを請求した場合、銀行は払戻しを拒絶できません（東京高裁平成11年5月判決）。銀行には公正証書遺言の有効性を判断し調査する義務もなく、公正証書遺言を有効なものと信じて払い戻した銀行には責任はありません。この点からも、遺言書は自筆証書遺言よりも公正証書遺言で作成したほうがよいといえます。

② 自筆証書遺言の有効・無効

(1) 自筆証書遺言は検認手続が面倒

　自筆証書遺言は、遺言者が亡くなり相続が開始したとき、遺言書を家庭裁判所に提出して「検認」を請求しなければなりません。検認とは、遺言書のあるがままの状態を確認・保存し、後日における偽造・変造を防止するために証拠を保全する手続きです。検認は、裁判官の立ち会いのもと行われます。

　したがって、たとえ無効な遺言であっても、検認は受けられます。**つまり、検認は遺言を有効にする手続きではない**、ということです。遺言書の検認手続が取られても、無効な遺言が有効な遺言になるわけではありません。たとえ家庭裁判所の検認があっても、預金の払戻しが可能にはなりません。

　なお、2020 年 7 月より、法務局で自筆証書遺言を保管してもらう制度がはじまり、これを利用した自筆証書遺言については、家庭裁判所での検認手続が不要です。

(2) 2通の自筆証書遺言が出てきた「一澤帆布事件」

　自筆証書遺言をめぐる有名な裁判が、一澤帆布事件です。

　同社（一澤帆布工業株式会社）は、京都の知恩院前に店舗を構える、老舗の布製鞄製造販売業者です。2001 年 3 月、三代目社長が亡くなり、相続トラブルが発生しました。トラブルの発端は、2 通の自筆証書遺言です。

　「第 1 の遺言書」は、1997 年 12 月付けで、和紙に毛筆で書かれ、実印が捺印されており、顧問弁護士に保管されていました。内容は、同社株式の 67％を当時社長であった三男夫妻に＊、33％を四男に、銀行預金のほとんどを長男に相続させる、というものでした（なお

次男は既に故人)。

「第2の遺言書」は、2000年3月付けで、便箋にボールペンで書かれ、長男より2001年7月(三代目社長の死から4か月後)に提出されました。内容は、同社株式の80％を長男に、20％を四男に相続させる、というものでした。この「第2の遺言書」には、三代目社長が常に使用していた「一澤」ではなく、「一沢」の認印が捺印されていました。

三男は「第2の遺言書」は偽物だとして、「遺言無効確認訴訟」と「取締役解任の株主総会決議の訴訟」を提訴しましたが、「自筆証書遺言は無効と言える十分な証拠がない」とされ、2004年に敗訴しました(最高裁平成16年12月)。その後、今度は三男の妻が同様の訴訟を起こし、2009年に勝訴しました(最高裁平成21年6月)。その後、2011年にも株式相続権をめぐる裁判もありました。詳細は割愛しますが、相続発生から10年以上もの争いになってしまったわけです。

この事例から学ぶべきは、**自筆証書遺言は偽造が容易**という教訓です。

裁判では、誰が何のために遺言を偽造したかということまでは明らかにされませんでした。とはいえ、自筆証書遺言は簡単に作成できるがゆえに、このようなトラブルが起こるおそれもある、といって差し支えないでしょう。公正証書遺言であれば、親族や第三者に書き換えられたり偽造されるおそれがありません。

たとえ、目先の費用と時間がかかっても、遺言は、後に相続トラブルが発生しにくい公正証書遺言にて、作成するべきです。

＊余談ですが、このように、本来の相続人ではない「相続人の配偶者」に遺産を相続させる遺言は、非常に他の相続人の不興を買いやすく、トラブルの原因になりがちです。

（3）法律的に正しい自筆証書遺言は意外と難しい

　自筆証書遺言として認められるには、「全文を自筆で書くこと」「作成日を記すこと」「遺言者本人が署名押印すること」という要件が必要です。さらに遺言の加筆、訂正や削除には決まりがあります。その一定の形式によらないと無効になってしまいます。作成する場合には、間違った個所の加除訂正の方法、遺留分侵害の問題、相続税を計算して納税できるかどうかといったことも考える必要がでてきます。**法律的に間違いのない自筆証書遺言を書くことは意外と難しい**ので、ご注意ください。

3　他にもある、自筆証書遺言の問題点

　遺言者が認知症などで自筆証書遺言を書いた場合、「同居していた者や介護していた者が遺言者本人に無理やり書かせたものだ」と他の相続人が主張するなどして、相続争いが激化するケースもあります。

　筆者は実際の自筆証書遺言をよく拝見しますが、「同居の長男・長女らが、自分を有利にするため、親に書かせた自筆証書遺言」が多く見られます。往々にして、親は「子供に頼まれたから書いた」程度の認識のようです。

　自筆証書遺言は、封筒に入れても入れなくても、効力には関係ありません。封印のある遺言書はすべての相続人が立ち会って、家庭裁判所で開封します。その際、相続人が多くいるとか、相続人のうち要介護者がいて法定後見人を立てなければならないとか、海外に在住している者がいるとか、行方不明者がいるといったケースでは、家庭裁判所に集まるだけでも大変な苦労です。

　また、相続人間で争いがある場合や、相続人が甥や姪など普段面識がない場合でも、家庭裁判所から相続人全員に対して連絡がいき、自筆証書遺言を相続人全員が知ることとなります。自筆証書遺言は封印がしてあってもなくても、家庭裁判所で検認を受けます。

　通常、検認に必要な書類は専門家に依頼して、検認の申立書類、遺言者の関係書類、相続人の関係書類などを揃えてもらいます。相続人の数や本籍、住所の変更などで異なりますが、検認の実施、遺言執行者の選任申立ての準備で、おおむね審判まで３〜６か月程度かかります。したがって、相続税が課税される人は、検認を受けてから相続税の申告準備をすると10か月の申告期限に間に合わないこともありますので、この点からも自筆証書遺言は書かないほうがよいといえます。

　自筆証書遺言の問題点は、これ以外にもまだまだあります。保管方法・様式や内容の不備という問題です。

　たとえば、自宅だけを遺言で指定し、預貯金を特定しなかった場合、その預貯金は相続人同士の話合いによって処分が決まってしまいます。

　また、自筆証書遺言を遺言者が誰にも分からない場所へ保管していた場合、遺言書は見つからず、相続人全員の遺産分割協議で遺産の処分が決まってしまいます。遺言書の保管と未発見という問題です。

　相続人の誰かが自筆証書遺言を見て、自分に不利な内容が書かれていると知ったとき、その相続人が遺言を破棄・隠匿することもあります。これでは、遺言はなかったことになってしまいます。

　生前に相続人全員の実印と印鑑証明書を取って念書・覚書を作成している人、また遺言をエンディングノートに書いておく人もいます。これらは通常、遺言として認められることはありませんので、

注意が必要です。

　親が生前よいと思ってやったことが、実際の相続ではトラブルの原因になることが多くあります。特に相続の火種になりやすいのが、孫や娘婿との養子縁組をしたり、借金をしてアパートを建築したり、自筆証書遺言をはじめ念書・覚書・エンディングノートを作成したりすることです。

　亡くなる人は自分が死んでも困らないので、自分の思いと希望で行動しがちです。養子縁組のリスク、借金のリスク、法的な拘束力を持たない文章を作成するリスク……等々、死後のリスクを自分事（じぶんごと）としてとらえていないのです。相続は、自分の思いと希望だけではうまくいきません。

　相続はいかにリスクを抑えるのかが大事です。相続後の出来事はすべて生前に起因します。亡くなってから発生する問題は、生前行ったことの結果といえます。実際の相続で困るのは、遺された遺族です。亡くなる本人は、自分の死後、相続がどうなったかを確認することもできません。

　筆者が自筆証書遺言をおすすめしない理由が、おわかりいただけたでしょうか。

4　公正証書遺言７つのメリット

（1）家庭裁判所の検認手続が不要

　前述のとおり、自筆証書遺言は、（法務局の保管制度利用の場合を除き）家庭裁判所で「検認」を受けなければなりません。その際、検認申立書、遺言書、遺言者の関係書類、相続人の関係書類等を揃えることが必要です。また、相続人が家庭裁判所に出頭しなければ

なりません。

その点、公正証書遺言なら、煩わしい検認を受ける必要がありません。

(2) 遺産分割協議が不要

遺言書がない場合や、自筆証書遺言に不備があった場合には、相続人同士が話し合う遺産分割協議をしなければなりません。遺産分割協議は多数決ではなく、相続人全員が一致するまでまとめなければならないので、大変な苦労をともないます。

公正証書遺言なら、こうした精神的な苦労がありません。

(3) 事務手続上のトラブルがない

重要な点なので繰り返しますが、自筆証書遺言の場合、通常、預貯金の払戻しができません。その筆跡や内容をめぐって相続人間に争いが起きやすく、銀行実務では自筆証書遺言だけでは払戻しに応じないことが多くあります。そのため、相続人全員の同意書あるいは遺産分割協議書の提出を求められることになります。これでは、遺言書を書いた意味がないというものです。

一方、公正証書遺言の場合、銀行が預貯金の払戻しを拒否したため、年率五分の延滞利息と弁護士費用を支払うこととなった例があります。同様に、ゆうちょ銀行の場合も、公正証書遺言があれば貯金をすぐに払い戻すことができます。さらに、土地・建物の相続による所有権移転登記も、公正証書遺言があれば簡単にできます。

(4) 原本は 20 年間保管

法務局以外で保管していた自筆証書遺言を紛失した場合、改めて作成しなければなりません。

一方、公正証書遺言の場合は、公証役場に原則として 20 年間も

保管されていますので、紛失しても心配ありません（余談ですが、実際には、事実上「半永久的に」保管されることもあったりします）。また、正本や謄本をなくしてしまった場合でも、再発行してもらうことができます。

　ただし、遺言者が生きている間は、遺言者しか再交付を請求できません。遺言者が亡くなっているときは、相続人が請求できます。

(5) どこの公証役場からでも遺言検索できる

　昭和64年1月1日以降、遺言登録検索制度により、公正証書遺言は日本公証人連合会本部のコンピューターに登録されており、全国の公証役場からの照会が可能となりました。

　この手続きは、遺言者の相続人や利害関係者から行わなければなりません。日本公証人連合会への照会は、公証人から行います。全国どこの公証役場からでも、誰が、いつ、どこで作成したか、すぐに検索できます。手数料は無料です。

(6) 自分の思いを伝える付言事項

　132頁のとおり、付言事項には法的拘束力がありません。

　しかしながら付言事項には、「どうして遺産配分をこのように相続人によって異なるようにしたのか」という理由や、「先祖伝来の土地をなぜ承継しなければならないか」とか、あるいは家族への感謝の言葉などを書き加えることができます。

　遺言者に「付言事項を書いてください」と言うアドバイザーは良いアドバイザーである、と筆者は考えます。

　さらに、公証人は原則、遺言者の言葉どおりに付言事項を書き加えてくれますので、公正証書遺言に自筆で綴った文章を添付してもらうことも可能です。

（7）目・耳・口が不自由、病気入院中でも公正証書遺言は可能

平成12年1月8日より、目が見えない、耳が聞こえない、字を書くことができない、話すことができない人でも、公正証書遺言を作成することが可能になりました。話すことができない人の場合、手話通訳人や自書によって遺言の内容を公証人に述べることで作成できます。

また病院に入院していたり、自宅で病床に伏している人でも、公証人に遺言の内容を伝えることができれば、公正証書遺言を作成可能です。遺言者が病気などで署名できない場合は、公証人が署名できない事由を書いて「代署」します。

筆者は、実際の相続の場において、「公正証書遺言があれば、どれほど時間とお金をかけずに速やかに済んだことか」とつくづく思うことが、しばしばあります。

たとえば、子供のいない夫婦の場合、遺言の用意があれば、配偶者にすべてを相続させることができます。遺言書がないばかりに、亡き配偶者の甥や姪と遺産分割協議をしなければなりません。他方、遺言書があったおかげで、配偶者がすべてを相続することに対して、親族の反対や妨害がありながらも実行できた例もあります。

Ⅲ　遺言書に多い誤解

ポイント

　遺言書は相続人（子供等）と相談するとバイアスがかかるので、相談して作成しないこと。遺言書作成の時期に早すぎるということはない。

1　遺言書は子供と相談して書くな！

（1）なぜ子供に相談しないほうがよいのか

　遺言書の作成や内容に関して、子供と相談する必要はまったくありません。遺言は相手方のない単独の法律行為であり、自分１人の意思で内容を決めるべきものです。贈与は、あげる人（親）ともらう人（子）両方の意思表示があって初めて成り立ちますが、遺言と贈与を同じように考えるべきではありません。

　なぜ遺言書の作成で事前に相談しないほうがよいのかというと、子供に相談すると子供とその配偶者あるいは孫の欲を刺激してしまい、生前から「争族」が始まるおそれがあるからです。夫婦間でも相続に関しては温度差があり、親子間でも利害は異なり、さらに兄弟姉妹、相続人ではない長男の嫁、孫などではもっと異なります。遺言書は、自分の意思だけにもとづいて作成すべきものなのです。

　子供の性格や能力を知っているのは、被相続人（親）です。また、子供の将来について考えることができるのも親です。ある子供には土地を遺し、もう１人の子供には自社株式を相続させ、会社の経営

権を承継させるという判断は、親にしかできません。

遺言書を作成するとき、相続人（子供）に意見を求めることで、子供に対してバイアス（偏向）がかかります。また、意見を求めてしまえば、遺言に反映させざるをえなくなります。したがって、遺言の作成は、誰にも相談できません*。自分だけの孤独な作業となり、ときには精神的な苦痛を覚えることさえあるものです。

親、子、孫まで含めて、相続関係者全員が近い所に居住して頻繁に会っており、コミュニュケーションがよくとれている家族であれば、話し合ってもよいかもしれません。

（2）遺言書のありかを相続人に教えておく

遺言の内容を相続人に事前に知らせておく必要はありませんが、公正証書遺言にしてあることを相続人に伝えることは大切です。公正証書遺言は公証役場にて死ぬまで無料で保管してくれます。また、「遺言検索システム」によってすぐに探し出せます。

遺言検索システムとは、昭和64年1月1日以降、全国の公証役場で作成されたすべての公正証書遺言について、遺言者の氏名や公証役場名などのデータの入力・蓄積によって可能となった、全国どこの公証役場からでも遺言を照会できるシステムです。照会は、遺言者の相続人のように、法律上利害関係のある人が行わなければなりません。実際の照会手続は公証人が行い、公証人は検索結果を口頭で照会者に伝えます。照会に手数料はかかりません。

（3）相続人全員が100%満足する相続はありえない

法律上、相続する遺産は法定相続分ですが、実際に法律どおり均

---

*ただし、遺留分計算や相続税の計算、遺言書に書ける法定遺言事項などについては、相続の専門家のアドバイスを受けてください。

分相続で遺産を配分したほうがよいとは限りません。たとえば農家において、相続人間で農地を均等に分割してしまったら、農業経営はなりたちません。また、相続税は発生しないが、主な財産が自宅だけという人は、自宅を均等に分割するのは不可能です。現実には、遺産が現金や預貯金100％の被相続人しか、法定相続分の分割ができません。

　実際には、相続人（子）の属性、貢献度、将来性、地域の4要因を考慮して遺産配分を決めたほうが公平になるでしょう。

◆遺産配分における相続人の4要因

㈠属　性
　　独身か既婚か、障害者かどうか、子供のいない夫婦か、など。
㈡貢献度
　　親の老後の面倒をみたかどうか、介護や認知症の世話をしたかどうか。
㈢将来性
　　中小企業、農業、個人商店の後継者であるかどうか。
㈣地　域
　　相続財産との距離。たとえば、近隣・遠方あるいは海外に在住しているか。

　しかし、遺言書がないと、原則として法定相続分によって相続人間で分割することになります。**遺言書があれば（遺留分の問題は残りますが）、相続財産は均等ではなく合理的な格差を付けて分割で**きます。

　たとえば、1億円の財産があり、相続人が長男と長女の2人の場合、法定相続分は5,000万円、遺留分は2,500万円ずつになります。均等分割が困難な場合でも遺言書があれば、長男7,500万円、長女

2,500万円と差をつけても遺留分侵害になりませんので、紛争は起きません。

　相続人全員が100％満足する相続など、ありえないのです。

（4）相続の責任は100％親にある

　相続でもめる原因は、感情と勘定（終章Ⅱ**相続は感情と勘定の問題**参照）にあります。

　相続は、自分で築いた財産ではない遺産が、目の前に突然出現するという、一生に1回あるかないかの出来事です。相続税のかからない程度のケースでも退職金相当の金額、相続税のかかる人の場合は一生かかっても築くことができないほどの財産が、棚からぼた餅のように転がりこみます。誰でも目の前のお金は欲しいものです。

　お金（勘定）を前にして、感情の衝突（感情）が一度でも起きてしまうと、その修復は一生に渡って困難になりがちです。

　では、どうすれば未然に争族を防ぐことができるのでしょうか？

　自分の亡き後も、家族みんなが仲良く幸せになってくれる相続を考えているならば、遺言書を作成すべきでしょう。

　残念ながら、遺言書を書いている人は、60歳以上の人で約500人に1人しかいません。決断のできない親、孤独な作業に耐えられない親が多いのが現状です。

　遺言する決心をしたら、すぐに書くのが賢明です。早すぎる遺言は後で訂正できますが、遅すぎた遺言は思わぬ悲劇を生みます。土台だけでも早く作っておくべきです。

　相続トラブルは、死後に突然起きるわけではありません。えてして、被相続人が生きている間のことが原因となって発生します。たとえば、「長男は大学へ行ったけど、次男は大学へ行っていない」とか、「親の介護の面倒をずっと長女がみていたが、次女はまったくみていない」とか、「長男は定職についているが、次男はアルバ

イトで経済力がなく親と同居している」とか……、いずれもよくあるケースです。

　相続の責任は 100％ 親にあります。子供にはありません。

　上記のように、相続トラブルの原因に対応するために、「生前契約書＋遺言書」を作成しましょう。

② 遺言と遺書はまったく別物

（1）遺書は自殺する前のメッセージ、遺言は愛と感謝のメッセージ

　クライアントと話をしていると、遺言（遺言書）と遺書の区別がついていない方が案外多いのに気づかされます。

　遺書とは、自殺を決意した人が、自殺の動機や思いを書いたものです。たとえば、病気を苦にしての遺書、将来を悲観しての遺書、失恋による遺書などでしょうか。

　対して、遺言とは、相手方のない自分の意思表示です。そのため、遺言書作成には厳格な方式が要求され、方式に従わない遺言書は法的拘束力がありません。また、単独行為なので、本人の意思だけで自由に取消・変更ができます。遺言書を作成した後で考えが変わったりしても、いつでも取消・変更が可能です。

　遺言は自分の死後、妻や子が生活に困らないようにしておくとか、兄弟姉妹が遺産争いしないようにしておくとか、相続人でない長男の嫁に介護で世話になったから財産をあげるとか、親が亡くなった後に障害者の子供が困らないようにしておくためのものです。

　遺言の内容は主に遺産配分ですが、その根底には上記のような愛と感謝の気持ちがあります。極論すれば、遺言書を作成しない人は愛と感謝の気持ちが薄い人であるともいえます。自分の死後必ず起きる「相続という現実」から、目をそむけているからです。

（2）遺言は法定相続に優先する

　被相続人が死亡すると、相続が発生します。被相続人が遺言をしていれば、**法定相続よりも遺言が優先**します。**遺言がない場合には法定相続**となります。

　日常生活の中で、個人の考え（遺言）が法律に優先することなど、めったにありません。

　たとえば、子供のいない夫婦で、「夫の全財産を妻に相続させる」という遺言をしておくと、遺言どおり妻が相続できます。しかし、親が既に亡くなっていて遺言がなければ、妻が4分の3、夫の兄弟姉妹が4分の1を法定相続します。つまり、**遺言と相続対策は密接な関係**にあり、**遺言書は相続対策の第一歩**なのです。

　相続人が多くいたり、遠方にいたり、相続人同士が疎遠である場合、遺産分割協議などの手続きに時間がかかることがあります。不動産のように、換金が困難で、法定相続分どおり分割しにくい財産もあります。また、被相続人の預貯金の払戻しがすぐにできない場合、葬儀費用や生前の入院費用などの支払いにあてることもできません。

　このような場合、遺言書があることで、相続手続が早く簡単にできます。公正証書遺言であれば、そもそも遺産分割で相続人同士が話し合う必要がありません。

　遺産分割は、商売上の損得のように勘定（お金）だけの問題ですむものではありません。親族間や兄弟姉妹の場合など、過去の怨念や感情が吹き出してしまい、ときには泥沼の争いにまで発展することもあります。そのうえ、相続人の嫁やその親族、あるいは友人・知人など相続人でない人まで口を出してきて、勘定と感情が入り混じるものです。こういうとき遺言さえあれば、相続争い対策になります。

　既に遺言書を作成された方は、それまでの子供や兄弟姉妹のことで思い悩み苦しんできたことが遺言書に反映されることで、モヤモヤした気持ちが吹っ飛び、心に安らぎを覚えます。**遺言書には心の安らぎ効果がある**のです。

（3）遺言はいつ作成したらよいのか

　遺言書を書く決心をしたら、すぐ作成に取りかかることが大切です。

　厚生労働省などの資料によると、85歳以上の要支援・要介護認定者の割合は58.4%、85歳以上の認知症の有病率は約27%です。実際にあった例では、遺言書を作成中に病気で入院したという方、遺言書作成を決心して面談する前日、入浴中に突然亡くなられた方など、筆者は何人も知っています。

　実際に遺言書を作成するのは、要支援・要介護や軽度の認知症になってから、また老人ホームに入居してからという方が多いです。年齢別でみると、75歳ぐらいまでは自分から進んで遺言書を作成する人もそこそこいますが、80歳を過ぎてからは子供や兄弟姉妹、配偶者に促されて作成する人が圧倒的に多いです。「牛に引かれて善光寺参り」の光景です。

　注意しなければならないのは、遺言者が重い要介護4・5や認知症などであり、その判断能力が不十分な状態で作成された遺言書は、相続人から遺言無効の訴えを起こされるおそれもあることです。

　遺言書の作成には、決断力と精神的エネルギーが必要となります。また、公正証書遺言の作成には最低1〜2か月、相続人が多くいたり、遠方であったり、海外在住や外国籍であればさらに時間と手間がかかってしまいます。元気で健康なうちに、すぐ作成にとりかかりましょう。

（4）遺言に早いということはない

　早く書きすぎた遺言書は、考え方や財産状況が変わったり、死ぬ順序が変わっても、まだ判断能力があるうちなら取消・変更ができます。ところが、遅すぎた遺言は取消・変更ができません。

　一番悪いダメなパターンは、遺言しようかしまいか迷っているうちに、本人が病気、要介護、認知症などになったり、高齢になり「もうどうでもよい」「面倒くさい」「自分は死んでも困らない」「うちの子に限って心配ない」などと考えるようになることです。その結果、遺言書を遺さず手遅れになってしまいます。

　遺言書を書かなくても、亡くなる本人が困ることは特にありません。しかし、**相続が発生してから遺された遺族が困る**ことになります。

③　相続放棄は非常に誤解が多い

（1）相続方法の３つの方法

　相続には単純承認、限定承認、相続放棄の３つの方法があります。

　単純承認は、相続で何も手続きをせず、不動産や預貯金（プラスの財産）も借金（マイナスの財産）も相続する方法です。最も一般的な方法です。

　限定承認は、プラスの財産の範囲内でマイナスの財産を相続する方法ですが、実際にはあまり利用されていません。限定承認は、法定相続人全員が共同してのみ、申請が可能です。また、相続の開始があったことを知ってから３か月以内に、家庭裁判所に申し出る必要があります。

　相続放棄は、プラスの財産もマイナスの財産も、一切の相続財産を相続しない方法です。限定承認と同様に、相続の開始があったこ

とを知ってから３か月以内に家庭裁判所に対し、「相続放棄申述書」を提出しなければなりません。相続放棄は単独でもでき、認められれば、初めから相続人ではなかったものとして扱われます。その場合、代襲相続はありません。

相続開始３か月以内であっても、相続人が遺産分割を行ったり、相続した財産を売却したり、亡くなった人の預貯金を使った場合、単純承認したものとみなされ、その後相続放棄はできません。

よくある誤解なのですが、親が生前、１人の子供に財産を相続させるために、他の子供に口頭や書面で相続放棄を約束させていたとしても、これは相続放棄ではなく、法的拘束力はありません。あくまでも相続放棄は相続発生後にしかできません。

生命保険金や死亡退職金は、相続財産ではなく、その受取人固有の財産になりますので、相続放棄しても受け取ることができます。しかし、相続放棄した人には生命保険金や死亡退職金の非課税枠などはありません。

遺族年金は相続財産ではありませんので、相続放棄しても受け取ることができます。

また相続放棄した相続人でも、相続税を計算する際の基礎控除の人数に含まれます。

(2)「相続放棄」と「相続財産をもらわない」とは違う

「相続放棄」と「相続財産をもらわない」こととは、まったく違う手続きです。

相続放棄は、家庭裁判所に手続きをすることで、「はじめから相続人でなかった」ものとみなされるものです。

一方**「相続財産をもらわない」とは、遺産分割協議には参加するけれども、遺産を一切もらわないことに同意するという意味**です。

家庭裁判所などの手続きは不要ですし、立場としては他の相続人とまったく同じです。したがって、遺産分割協議書には実印を押印し、遺産を一切もらわないことを承認する手続きをすることになります。

　注意したいのは、遺産分割協議が成立すると、その後に協議内容の不履行があっても、遺産分割協議の解除は認められないことです（ただし、相続人全員の合意によって解除し、あらためて協議することは可能です）。また一度相続放棄をすると、たとえ3か月以内であっても撤回できません。

（3）「相続放棄」と「遺留分放棄」は違う

　遺留分の放棄は相続開始前でも行うことができますが、相続放棄は相続発生前に行うことができません。遺留分の放棄は相続自体を放棄するわけではないので、遺留分を放棄した人も、相続開始すれば当然相続人として遺産分割協議の当事者になり、相続する権利があります。また借金があれば、それも相続します。

　つまり遺留分放棄とは、公正証書遺言を作成し、その遺言書が遺留分を侵害しているときに、遺留分侵害額請求権を放棄しているだけなのです。

　相続開始前における遺留分の放棄には、家庭裁判所の許可が必要です。遺留分放棄が本人の自由な意思に基づくものかどうか、遺留分を放棄する合理性や必要性があるかどうか、遺留分放棄と引き換えに贈与等の代償性があるかどうかなどを考慮のうえ、決められます。

（4）相続放棄しても特定の相続人の取り分は増えない

　相続放棄では、その相続分を特定の相続人に渡そうと思った場合などに問題が起こります。

> ・被相続人夫、相続人妻と子供1人
> ・夫の兄弟姉妹は妹1人で既に死亡して、その子（甥）がいる

　このケースでは、子が相続放棄しない場合、相続分は妻2分の1、子供2分の1になります。一方、子供が相続放棄した場合、相続分は妻4分の3、甥4分の1になります。

　このように、**子供が相続放棄しても、その分すべてを妻が相続できるわけではありません**。第1順位の相続人である子が相続放棄しても、第2順位である夫の親や、第3順位である夫の兄弟姉妹や甥・姪に相続権が移ります。

　前述のケースにおいては、相続放棄ではなく、子供が母親に対して相続分2分の1の譲渡をすべきでしょう。

④　信託銀行で遺言書を作成する問題点

（1）信託銀行に対する疑問

　信託銀行が行う相続関連業務は、主に「遺言信託」と「遺産整理業務」です。

　遺言信託は、遺言書作成の相談、遺言書の作成、公正証書遺言作成の際の証人、公証役場で作成した正本と謄本の保管といったサービスです。遺言者の死後、信託銀行が遺言執行者となり、相続財産を調査し、財産目録を作成し、その内容を相続人に報告します。遺言の内容に従って不動産等の名義変更、預貯金・有価証券等の換金処分などを行い、遺産分割します。

　遺産整理業務は、簡単にいえば相続手続のことで、遺言信託の業務とほぼ同じ内容です。相続人の確定、遺産の調査や財産目録の作成、遺産分割協議書に関するアドバイス、相続税などの納付に関す

るアドバイス、遺産分割協議書に基づく預貯金・有価証券などの換金、不動産の名義変更などを行い、遺産分割します。

　前述のとおり、公正証書遺言は、公証人が作成し、原本は公証役場で死ぬまで無料で保管してくれます。もし遺言書が見つからなければ、公証役場の遺言登録検索システムによって、無料で調べてもらうことができ、再交付も可能です。

　弁護士や信託銀行で遺言保管するのは、原本ではなく、原本の写しである正本と謄本です。年間保管料は 5,500 円〜 1 万 1,000 円程度です。また、遺言保管時に数十万円の費用も支払います。

　原本が公証役場で保管されているのに、なぜ依頼者はわざわざ、原本の写しにすぎない正本と謄本を、弁護士や信託銀行に保管料を支払ってまで保管してもらう必要があるのでしょうか?　公正証書遺言がもし紛失したり、火災にあったりしても、A 4 判 1 枚 250 円で再発行できます。

　遺言書作成から相続開始まで数年〜数十年の期間があり、その間もし遺言の内容、財産、家族の変動などがあった場合、2 〜 3 年で転勤や異動のある銀行員に長期的なフォローができるかどうかも疑問です。

(2) 信託銀行は遺言者や相続人と利益相反する

　信託銀行についての最大の問題は、信託銀行はアパートやマンション、倉庫などを建築する際に、土地所有者(遺言者)に融資をすることになりますが、その信託銀行が遺言書を作成し、遺言執行者に就任していることです。

　なぜ問題かというと、信託銀行が債権者(お金を貸している側)の立場、遺言者は債務者(お金を借りている側)の立場となり、**両者は利益相反する**こととなってしまうからです。信託銀行が遺言者

や相続人のために、中立的な立場で、遺言作成アドバイスから遺言執行までを実行できるとは、とても思えません。

　たとえば、父がアパートを建築したときのＡ信託銀行からの借金１億円を、長男と次男が相続したとします。この場合、法律上この借金は相続開始と同時に法定相続分の割合で、長男２分の１（5,000万円）、次男２分の１（5,000万円）ずつ相続されます。

　長男がアパートとその借金１億円を遺産分割協議で相続すると取り決めても、債権者であるＡ信託銀行が同意しない場合、次男に対して5,000万円の返済を求めることができます。このような遺産分割協議を実現するためには、次男には借金返済の義務がないことをＡ信託銀行に同意してもらう必要があります。

　少なくとも、お金を借りた銀行・ＪＡ・信託銀行などから相続遺言のアドバイスを受けたり、遺言作成をすべきではありません。論理的に矛盾するからです。確実に相続遺言のアドバイスや遺言執行をしたいなら、自分が融資を受けている金融機関は避けて、公平な第三者に依頼すべきでしょう。

　また、信託銀行が遺言執行者となる場合、生前契約書の任意後見契約の後見人や、死後事務委任契約の受任者（依頼された人）と異なります。その場合、死後事務業務が上手くいくかどうか懸念されます。**遺言執行者と任意後見契約の後見人や、死後事務委任契約の受任者は、同じ人が望ましい**です。

（3）弁護士の業務とその使い方

　弁護士は、「相続人間で利害対立があり、利益相反する人」の両方を弁護することができません。**弁護士は双方代理*が禁止されて**

＊双方代理……たとえば弁護士が一面では相続人Ａを代理し、他面では相続人Ｂを代理して、相続人間の法律行為をすること。

おり、相続人同士の話合いがまだ可能な段階で、相続人の１人が弁護士に依頼するとかえって話合いがまとまらなくなることもあります。

弁護士の相続業務は、遺産分割における交渉、和解、仲裁、家庭裁判所での調停や審判、その後の協議内容が不履行になったときの訴訟において、相続人の代理人となり権利を主張することです。つまり弁護士は、相続人全員の意見を聞き、円満相続に導くという仕事ではないのです。

弁護士は、他の相続人が遺産分割協議の話合いに応じないときや、相続人の１人が遺産を隠して他の相続人に公表しないとき、既に遺産分割協議において相続人間で紛争状態になっているときなどに、依頼するとよいでしょう。

信託銀行は、遺留分を侵害する遺言書の作成を原則として引き受けません。相続人間の紛争になり、業務に支障がでるからです。しかし弁護士の場合は、遺留分侵害の遺言書を作成しますし、その後の調停、審判、訴訟において特定の相続人の代理人になることもできます。遺言の目的をよく考えて、依頼する専門家を選択することが大切です。

第3章
生前契約書と遺言書を書いておきたい人

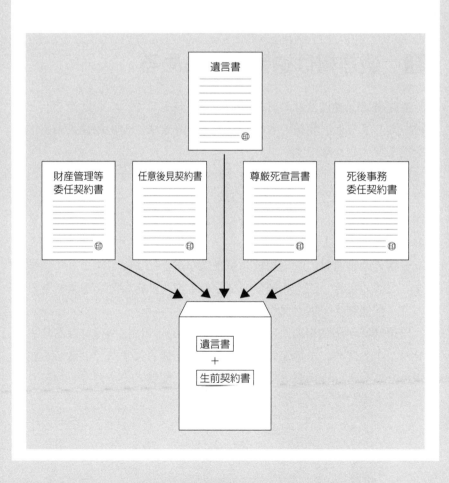

遺言書自体が 相続トラブルになる人

ポイント

> 遺言書に「○○にすべての財産を相続させる」と書くと、遺留分侵害でもめる原因となる。もめない遺言にするためには、相続人の遺留分を確保する遺言書を作成すること。

1 遺言書は遺留分でもめる

遺言書に「妻に全部の財産を」とか「長男にすべての財産を」と書いてしまうと、相続でもめる原因となります。他の相続人の感情を逆なでするからです。

法律では、一定の相続人には「遺留分」があります。既にたびたび登場していますが、遺留分とは、被相続人（亡くなった人）が、相続人に対して、法律上必ず遺しておかなければならない相続財産の一定割合のことです。

遺留分の割合は、法定相続人が誰になるかによって決まっています。大半の場合、法定相続分の2分の1です。遺留分を主張できるのは、配偶者、子供、父母です。

兄弟姉妹が法定相続人になる場合、兄弟姉妹には遺留分はありません。このため、子供がいない場合に「配偶者にすべての財産を相続させる」という内容の遺言書があれば、配偶者に全財産を相続させることができます。

　たとえば、「長男にすべての財産を」と遺言書に書いた場合、**相続財産が遺留分に満たないので、遺留分を侵害されたとして、侵害した相続人（長男）に対して、遺留分を請求することができます。**この権利を「遺留分侵害額請求権」といいます。遺留分侵害額請求権は、遺留分を侵害されたことを知ったときから1年以内か、相続があってから10年以内に行使しないと、その権利を失います。ただし、遺留分を侵害する遺言が無効となるわけではありません。

　遺留分侵害額請求権は、裁判上の手続き（訴訟）を必要とせず、相続人が遺産をもらった人に対して意思表示すれば、有効となります。口頭でも有効ですが、内容証明郵便で明確にしておくとよいでしょう。しかし、兄弟姉妹間で内容証明郵便を送ったり、弁護士に依頼してしまえば、裁判での争いに発展することは間違いないでしょう。争いを防ぐための遺言が、遺留分を侵害することによって、争いを拡大させる遺言になってしまうのです。

② 　遺留分の算定方法

（1）遺留分の対象となる財産

・被相続人の相続財産

・相続開始前1年以内の贈与財産

・遺留分を侵害することを双方が承知のうえで贈与した財産

・相続人に対する一定の財産（特別受益）

(2) 遺留分が侵害された場合の算定方法（例）

❶被相続人夫、相続人……妻、長男、長女の３人
　・遺言書で「すべての財産は長男に相続させる」と書く
　・相続財産 3,000 万円
　・半年前に長男に対して 7,000 万円の土地を生前贈与

❷遺留分算定の基礎となるべき相続財産＝１億円

❸相続人の遺留分全体……１億円×２分の１＝5,000 万円

❹妻と子供２人の遺留分

相続人	相続分	遺留分	遺留分金額
妻	２分の１	２分の１×２分の１＝４分の１	2,500 万円
長男	４分の１	４分の１×２分の１＝８分の１	1,250 万円
長女	４分の１	４分の１×２分の１＝８分の１	1,250 万円

❺長男の相続財産（3,000 万円＋生前贈与された土地 7,000 万円）
　から取り戻すことが可能な額
　・妻 2,500 万円
　・長女 1,250 万円

(3) 遺留分の請求の順番

　贈与された財産*は、次の❶～❸の順番で、遺留分侵害額請求の対象になります。

◆贈与財産の遺留分の請求の順番

❶　遺　　贈（遺言により他人に贈与した財産）

❷　死因贈与（あらかじめ取り決められた約束により、死亡した時点で履行された贈与の財産）

❸　生前贈与（直近の贈与から順番に）

　遺言書を作成すれば、法定相続割合の半分が遺留分になります。さらに遺留分を減額したい場合は、相続財産の組替えや代償分割による遺留分減額対策をしなければなりません。

　遺留分の計算は時価評価で行われます。固定資産税評価や相続税評価（路線価）ではありませんので、注意が必要です。

---

　*遺留分算定の基礎となる財産のうち、相続人へ贈与された財産について、かつては何十年前の贈与であっても遺留分減殺請求の対象でしたが、民法改正により、相続人に対する生前贈与（特別受益）については相続開始10年前に限定されています。

II 生前贈与が原因で もめる人

ポイント

生前贈与は「特別受益」となり、相続でもめる原因となる。

1 生前贈与が相続トラブルになる理由

(1) 住宅資金の贈与はよく相続トラブルになる

　子供が家を建てるときに、親から資金援助を受けるというのは、よくある話です。「住宅取得等資金の贈与の特例」を活用することで、親は相続税が少なくなり、子供は住宅ローンの負担が少なくなり、お互いにハッピーになれるからです。

　しかし、この資金援助が原因で、相続の遺産分割の際に、問題が起きるおそれがあります。もし、兄弟姉妹の中で1人だけマイホーム資金の贈与を受けた子供が、遺産分割協議で相続財産を平等に分けようと言ったら、当然他の兄弟姉妹は納得できないでしょう。

　また、親の土地に子供が家を建てて二世帯住宅にして、親世帯と子世帯が同居したり、近くの親の土地に子供が家を建てるケースもよく見受けられます。

　このようにするのは、親が子供や孫の顔をいつでも見ることができ、また自分が要介護状態や認知症になったとき安心できるからです。子供にとっては、地代が不要で、さらに多額の資金援助をしてもらえるというメリットがあります。また、子供が共働きの夫婦である場合、孫の面倒をみてもらえるという気持ちもあります。

　親の土地に子供が自宅を建てたり、二世帯住宅の場合、相続発生と同時にその土地は兄弟姉妹等と共有地になってしまいます。相続人が複数いると遺産分割があるので、その子供が家を建てた土地を、確実に相続できるとは限らないということです。

　親の土地に子供が家を建てる場合、遺言書を作成してから建てるのが正しいやり方ですが、そこまで考え実行している人はほとんどいません。この手の相続トラブルは実に多いです。兄弟姉妹から印鑑をもらえず、相続登記もできないまま放置している人を、筆者はたくさん目にしてきました。

(2) 遺産分割で法定相続は本当に可能か？

　中小企業、農業、個人商店などを承継する場合、後継者が遺産を多くもらわないと、商売が成り立たなくなることがあります。この場合、複数の相続人がいるとき、相続財産を法定相続で分けることはほぼ不可能でしょう。

　また、相続財産の大半が不動産の場合、複数の相続人が法定相続で分けて共有にしてしまうのは、問題を先送りするだけで、後から問題がさらに大きくなります。

　戦前の家督相続の時代、長男が単独で相続することが当たり前で、長男に話合いの実質的な決定権がありました。しかし最近は、長男家族と親がいっしょに住まないことも多く、仕事の関係や、嫁と姑の仲が悪いといった理由で、子供が遠く離れて暮らすケースも増加しています。嫁と姑の仲が悪い家族では、相続トラブルが発生しがちです。子供同士が集まる機会も減り、実の兄弟姉妹でも普段から話をしたり、会ったりすることがないため、いざ相続となったとき、話合いが上手くいかなくなってしまうのです。

　家や家業を守る、兄弟姉妹の絆を守るというよりも、自分が大事と割り切る人が多くなってしまっては、相続の話合いも円満に行き

ません。

　生前贈与が相続トラブルになるのは、親が子に良かれと思ってやった多額の生前贈与が、特別受益になることを知らないからです。また、相続対策は、生前贈与などの節税対策から始めると、たいてい失敗することにも気づいていないからです。

　「相続対策は**第1に遺産分割対策、第2に財産管理対策、第3に納税資金対策、最後に節税対策**の順番」と、肝に銘じてください（序章Ⅱなぜ相続対策は遺産分割対策から始めるのか参照）。相続の総合的なストーリーを作り、遺産分割対策を施してから生前贈与をすることが大切です。

② 生前贈与されると相続分が減る

（1）特別受益の持戻しとは

　相続人の中で、被相続人（亡くなった人）から遺贈を受けたり、生前に資金援助を受けた場合、これを「特別受益」といい、相続の前渡しを受けた者として相続分から差し引かれます。この制度を「特別受益の持戻し」といいます。特別受益の持戻しの対象となるのは、被相続人から相続人に対する生前贈与と遺贈です。相続人でない人（孫や第三者）への生前贈与や遺贈は、原則として対象外です。

　相続の際、特別受益がある場合、遺産を法定相続で分けると不公平になるため、このような制度があります。相続人の中で生前贈与がある人は、その分を遺産に戻させ、新たに相続分を計算し、そこから生前贈与された分を引いた残りの財産を相続させるという仕組みです。

（2）特別受益にあたるケース

◆特別受益者とみなされる人

・遺贈を受けた人
・婚姻または養子縁組のための生前贈与を受けた人
・生計のための資本として生前贈与を受けた人（特別な学費を
　受けた人）

◆特別受益にあたるケース

・遺贈を受けた（遺贈は相続時に遺言で与えられるもので
　あり、常に特別受益となる）。
・結婚や養子縁組の際、持参金や支度金を出してもらった。
・家を新築してもらった。住宅資金を出してもらった。
・独立開業の際資金援助をしてもらった。
・家や土地をもらった。
・特定の子供だけ留学費用を出してもらったり、特定の子供
　だけ大学や大学院まで出してもらった。
・高額の結納・新婚旅行費用を出してもらった。
・借金返済の肩代わりをしてもらった。
・一定期間生活費を出してもらった。

（3）特別受益にあたらないケース

　一般的な結納金や結婚式の費用は、親のためという一面があるた
め、含まれません。また、通常の教育費や病気のための療養費など
も含まれません。

◆特別受益（生前贈与）があるときの相続分の計算方法（例）

❶相続人は配偶者・長男・次男の３人、相続財産 8,000 万円
　　次男が住宅購入資金として 2,000 万円の生前贈与（特別受益）を受けた場合

❷相続財産に特別受益を加算してみなし相続財産の総額を計算
　　相続財産 8,000 万円＋次男の 2,000 万円（生前贈与）＝ 1 億円

❸相続財産の総額を法定相続分で分配
　　配偶者　　1 億円×２分の１＝ 5,000 万円
　　長男　　　1 億円×４分の１＝ 2,500 万円
　　次男　　　1 億円×４分の１＝ 2,500 万円

❹特別受益分の 2,000 万円を次男の相続分から控除
　　配偶者　　5,000 万円
　　長男　　　2,500 万円
　　次男　　　2,500 万円－ 2,000 万円（生前贈与）＝ 500 万円

❺次男は相続分から特別受益を差し引いた 500 万円を相続

　この例のように、生前贈与がある人は、自分の相続分が減ってしまいます。

（4）特別受益の評価方法・評価時期

　生前贈与を受けた財産は、相続開始時を基準にして評価し直します。

　たとえば、結婚当初に住宅購入資金 2,000 万円を次男が生前贈与されたとき、30 年後の相続開始時に同じような住宅を購入すると 4,000 万円と評価されれば、特別受益の算定額は 4,000 万円です。つまり時価評価になるわけです。

　生前贈与を受けて、相続開始時には売ってしまった場合は、生前

贈与された当時のままあるものとして評価することになります。

◆特別受益と評価

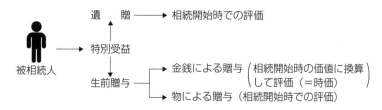

（5）特別受益（生前贈与）が相続分を超えた場合

　生前贈与が多く特別受益分を差し引くと、その相続人の相続分がマイナスとなる場合があります。**相続分を超えてもらい過ぎていた場合、超過分は返す必要はありません。**

　超過分がある場合の計算方法は、相続人の特別受益はなかったものとして計算する方法と、マイナス部分を各相続人が相続分に応じて負担するものとして計算する方法があります。いずれにしても、生前贈与で相続分を超えてもらい過ぎた相続人には、相続する財産はありません。

　特別受益の評価方法や、どの生前贈与が特別受益になるのか、相続人間で話合いがつかない場合には、家庭裁判所に調停あるいは審判の申立てをすることになります。

❸　遺言書による特別受益問題対策

（1）特別受益の問題

　生前贈与は、親が良かれと思って子供（相続人）にやったことですが、結果として特定の子供だけに偏りが生じてしまうことが多い

ものです。また、親が自分の老後の病気や介護などを考えて、自分の近くに寄ってくる子供に対して甘くなり、不公平なやり方になることもよくあります。これが、よくある相続トラブルの原因になる、特別受益の問題です。

　多額の住宅資金援助や、独立開業資金や留学資金の生前贈与は、相続トラブルの原因になり、相続人間の関係を根底から壊すことに繋がります。このことに、たいていの親は気づきません。

(2) 公正証書遺言による特別受益の持戻し免除

　親の子供に対する生前贈与に関して不公平をなくすために、特別受益の持戻しという制度があるわけですが、特別受益を返さなくてもよいようにする方法があります。公正証書遺言による「特別受益の持戻し免除」です。

　特別受益の持戻し免除は、障害者の子供や、介護や認知症などで親の面倒をみた子供に、財産を余分にやりたい場合に有効です。また、相続人間の争いを未然に防ぐ効果もあります。

　ところが、生前贈与の金額が多く、特別受益の持戻し免除を受けてもなお、他の相続人の遺留分を侵害してしまう場合には、遺留分侵害額請求権を行使されることがありますので、注意が必要です。その場合には、さらに遺留分対策として、遺留分の対象外である生命保険を活用する方法があります。

Ⅲ　子供のいない夫婦・おひとり様・一人暮らし

Ⅲ　子供のいない夫婦・おひとり様・一人暮らし

> **ポイント**
>
> 　子供のいない夫婦・おひとり様・一人暮らしの人は遺言書と、要介護状態、認知症、終末医療、死後の後始末に備えて生前契約書が必要。

1　子供のいない夫婦は、妻が全財産を相続できるとは限らない

（1）子供のいない夫婦は相続でよくもめる

　子供のいない夫婦は相続でよくもめる、というのが筆者の実感です。

　子供のいない夫婦の場合、たとえば夫が亡くなると、すべての財産を配偶者である妻が相続するわけではなく、亡くなった夫の父母、兄弟姉妹、甥や姪まで財産を相続する権利があります。

　著者が相続コーディネートした事例を紹介しましょう。

　Ａさん夫婦には子供がなく、先に夫が亡くなりました。夫が亡くなったので、相続人は妻のＡさん（４分の３の法定相続分）と夫の弟（８分の１法定相続分）、夫の兄は既に亡くなっており、代襲相続した甥と姪（８分の１の法定相続分）の合計４名が相続人である、と当初は思われました。

　ところが、戸籍を調査したところ、亡くなった夫の父親が三度婚

姻しており、異母兄弟がいることが判明しました。その異母兄弟は全員が既に死亡していましたが、代襲相続人（相続人になる予定の兄弟姉妹が先に亡くなっている場合に甥や姪が相続人になること）の子供がいることが分かりました。今までまったく面識のない、遠方の異母兄弟の子供が、相続人として突然出現したのです。

　一方、Bさんの場合は、突然家庭裁判所から「○月○日にお越しください」という家事調停期日通知書と、代理人弁護士からの遺産分割調停申立書が送られてきました。Bさんの父親の姉が亡くなったのです。その姉夫婦には子供がなく、Bさんが父親の代襲相続人になったのです。まさに青天の霹靂です。

(2) 子供のいない夫婦の場合、兄弟姉妹、甥や姪までも財産を相続できる

　なぜ子供のいない夫婦は非常によくもめるのか。その理由は、法定相続分の問題と、親や兄弟姉妹あるいは親族の「もともと他人である嫁を排除し、財産を相続させたくない」という心理（後述）があるからです。

　子供のいない夫婦の法定相続分のパターンは、大別して３つあります。
　❶夫が亡くなり夫の親がいる場合、妻が３分の２、親が３分の１の法定相続分になります。❷夫の親が既に亡くなっていて夫の兄弟姉妹がいる場合、妻が４分の３、兄弟姉妹が４分の１になります。❸親も兄弟姉妹も亡くなっていて甥や姪がいる場合、妻が４分の３、兄弟姉妹の４分の１を甥と姪が代襲相続します。

(3) 子供のいない夫婦の"嫁の排除"問題

　さらに、子供のいない夫婦の相続の特徴として、夫が先に若くし

◆子供のいない夫婦の３つのパターン

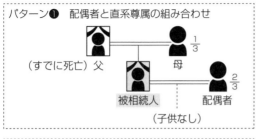

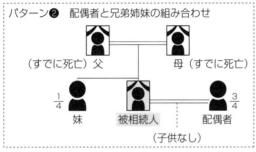

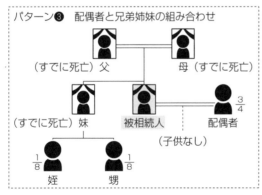

て亡くなってからの「嫁の家からの排除」問題があります。

　たとえば、夫が早く亡くなり、相続人が妻と夫の両親であり、妻と夫の母親（姑）の仲が悪い場合、もともと他人である嫁に財産を相続させると、再婚して他人に財産がわたってしまうので、相続させたくないということがあります。

　また、相続人が妻と夫の兄弟姉妹あるいは甥や姪の場合、夫（○○家）の財産を嫁が相続し、その嫁が亡くなると、嫁の兄弟姉妹や甥・姪が相続することになり、最終的には夫（○○家）の財産が他人に行ってしまうため、嫁を家から追い出して相続させない、ということがあります。

　このような感情と勘定（終章Ⅱ**相続は感情と勘定の問題**参照）から、「嫁の家からの排除」が起きます。

2 子供のいない夫婦・おひとり様・一人暮らしの人は最重要

（1）子供のいない夫婦で遺言書がないまま夫が死亡したケース

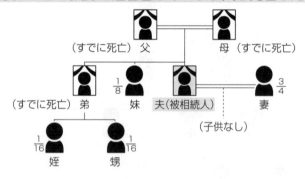

- ・被 相 続 人：夫
- ・相　続　人：妻、亡くなった夫の妹、同じく甥と姪
- ・遺　　　産：自宅3,000万円、預貯金1,000万円
- ・法定相続分：妻4分の3、妹8分の1、甥16分の1、姪16分の1
- ・相 続 金 額：妻3,000万円、妹500万円、甥250万円、姪250万円

　このケースでは、**遺言書がないと、妻と夫の妹と、亡くなった弟の子（甥と姪）とで遺産分割協議**を行わなければなりません。夫が亡くなり相続人が妻、夫の兄弟姉妹、甥や姪の場合、仲がよくなかったり、あるいは会ったこともほとんどないということも大いにありえる話です。妻からすれば、夫婦で築いた財産を、夫の兄弟姉妹や甥・姪に一部引き渡さなければならず、無念さ、怒りを覚えることでしょう。

　もし妹、甥・姪のうち1人でも遺産分割に協力しなければ、銀行から預貯金を引き出すことはできません。また、自宅を妻名義に変更したくても、相続登記できません。兄弟姉妹や甥・姪においては、亡くなった人との生前の人間関係、また残された妻との生前の人間関係が大きく影響します。

　いずれにしても、子供のいない夫婦やおひとり様の場合、人間関係が複雑になり、遺産分割協議が非常に難航するものです。兄弟姉妹には遺留分がないので、遺言書があれば遺産をすべて妻に相続させたり、あるいは特定の人に遺贈させることもできます。子供のいない夫婦の場合、遺言書があるかないかで、ここまで違いがでてきます。

（2）子供のいない夫婦とおひとり様は、遺言書だけでは問題解決できない

　子供のいない夫婦においては、夫だけが遺言書を書いているという人が多く、夫婦で書いているという人は少数派です。

　たとえば、「夫が死亡したらすべての財産を妻に相続させる」「妻が死亡したらすべての財産を夫に相続させる」などと夫婦で遺言を書いてしまうと、必ず大問題が生じます。

この場合、夫が先に死亡すれば、すべての財産は妻が相続することとなりますが、次に妻が死亡した際、すでに夫は死亡していますので、遺言書はなかったことになります。

　子供のいない夫婦の遺言作成において、注意点が二つあります。一つは、どちらが先に亡くなるのか分かりませんので、夫婦そろって遺言書を作成することです。もう一つは、先に亡くなった夫（妻）の遺言は実行できますが、後から亡くなる妻（夫）の遺言書は無効になる場合があることです。

　この二つの注意点を踏まえ、「二次遺言」（補充遺言）を考えて作成する必要があります。**要介護状態や認知症になったときの自分の後見人を決めてから遺言書を作成**すべきであり、すなわち生前に**『財産管理等委任契約書』『任意後見契約書』『死後事務委任契約書』を『遺言書』と一緒に作成**すべきです。

　例に挙げたような受け皿のない遺言書を書く夫婦は、死後の備えが不十分であると同時に、生前の病気、介護、認知症などへの備えもまた不十分です。つまり、「後見人を誰にするのか」という発想がないのです。子供のいない夫婦は、どちらか一方が亡くなれば、おひとり様と同じ考え方が必要になります。

　多くの子供のいない夫婦やおひとり様は、自分が亡くなってからのことよりも、生前の老後の安心を重視しがちです。しかし、遺言が効力を発揮するのは本人の死後です。

　高齢期を安心して過ごすためには、遺言書ももちろん重要ですが、「生前契約書＋遺言書」をセットにして、あらゆる問題に対処できるようにすることが最も重要です。

3　認知症になった場合に備えて

(1) 終活には死ぬ前と死後の備えがある

　おひとり様には、「私が死んだら誰が発見してくれるのか。私の死亡届は誰が出してくれるのか。病院や老人ホームに入居するとき誰が保証人になってくれるのか。認知症になったら誰に何を頼んだらよいのか……」などの不安があります。

　同様に、子供のいない夫婦には、「夫（妻）が先に逝ってしまったらどうしょうか」という「独り取り残される不安」があります。そして、自分が死んだとき、誰にも迷惑をかけたくないという気持ちも持っています。

　終活には、生前と死後の備えの両方があります。「あなたにとってどちらが心配か」と尋ねられたら、「死後のことよりも生前のことが心配だ」と答える人のほうが多いのではないでしょうか。

(2) 法定後見と任意後見

　認知症などが原因で判断能力が低下すると、銀行の預貯金を自分でおろせなくなり、病院や老人ホームへの入居手続もできなくなります。またこのような場合、家族が本人の代わりに預貯金の解約をしようとしても、断られることがあります。

　このように判断能力が低下した場合、親族などが家庭裁判所に成年後見の申立てを行います（法定後見）。このとき、判断能力が低下した本人の「相続人全員の同意」があれば、申し立てた人が後見人になります。しかしながら、他の相続人から異論が出た場合、後見人として認められないと裁判所が判断することもあります。

　おひとり様で、「私には頼りになる甥や姪がいるから、万が一要介護状態や認知症になったとしても心配いらない」と思っていても、

相続人全員の同意を得られず、その甥や姪が後見人にならないこともあるということです。

　相続人全員の同意がない場合、裁判所が弁護士や司法書士などを選任することになります。

　まだ元気で判断能力があるうちに、自分の後見人は自分で決めておきたいと考えている人には、「任意後見」という選択肢があります。任意後見の最大のメリットは、**誰に何を頼むのかということをあらかあじめ自分で生前に決めておくことができる**ことです。

　後見人の選任は相続と深く関係し、相続人間の遺産争いの前哨戦となる場合もありますから、**『任意後見契約書』と「遺言書」をセットで作成したしたほうがよい**でしょう。

　任意後見の内容は代理権目録で示され、大別して財産管理と療養看護の２つあります。具体的な後見事務は、預貯金、保険、不動産、証券の管理や処分、預貯金や貸金庫の取引、年金の受け取りや家賃の支払い、日用品の購入、介護保険契約の締結や老人ホームの入居契約の締結、病院への入院手続や費用の支払いなどです（第１章Ⅳ**判断能力が低下したら『任意後見契約書』**参照）。

　なお、任意後見契約締結の際に、任意後見契約が始まる前までの間、本人を見守る人（後見人）との間で定期的に連絡を取るための「見守り契約」を締結する場合もあります。後見人は、おひとり様らの高齢者生活状況や健康状態などを見守ったり、困ったことがあったときに助言を行います。

　見守り契約の内容は、月に１回訪問して面会したり、毎週１回電話して安否確認することなどです。見守り契約のメリットは、高齢者を常に見守りスムーズに任意後見に移行できることと、何か困ったことがあったときの相談相手がいることで、気持ちの上で安心できることです（第１章Ⅵ**孤独死と『見守り契約書』**参照）。

④　葬儀・お墓は誰に頼むのか

(1) 子供のいない夫婦・おひとり様の葬儀

　おひとり様が亡くなったら、7日以内に市区町村へ死亡届を提出しなければなりません。死亡届を提出できる人は、同居の親族、家主、地主や土地の管理人、同居していない親族、後見人など限られます。アパートやマンション、老人ホームの管理人も死亡届を出すことができます。

　次に葬儀が発生します。葬儀は誰が行ってもかまいません。親族がしなければならないという法律もありませんし、そもそも葬儀は義務ではありません。おひとり様で身寄りがなく、遺体を引き取る人がいない場合、地方自治体から地元の葬儀社に火葬の依頼があります。その費用（15万円程度）は自治体が負担し、遺体を一定期間保管した後、無縁墓に入れます。

　葬儀について遺言書に書いても、法的拘束力はありません。しかし、公正証書遺言で祭祀主宰者を指定しておけば、葬儀を行ったり、仏壇や墓を守っていく人を決定し法的拘束力を持たせることができます。また、具体的な**葬儀内容や費用の支払いについては、『死後事務委任契約書』に記載して、受任者（依頼した人）に委任しておく**とよいでしょう。

　死後すぐに必要となる葬儀費用については、遺言書ではなく『死後事務委任契約書』に記載し、本人が死ぬ前に受け取れるようにします。おひとり様の場合で親族の後見人がいない人は、信頼できる専門家に依頼しておきます。

　おひとり様が亡くなれば、遺品整理を誰かがしなければなりません。最近では、遺品整理会社や葬儀社が代行してくれますので、生前に葬儀と遺品整理を予約する方法もあります。また、おひとり様

がアパートやマンション、有料老人ホームといった賃貸物件に住んでいる場合、亡くなってからでも賃料が発生し、その部屋の遺品整理をする必要があります。

　人によっては、「死後に寄付をしたい」という人もいるでしょう。遺言書に自宅などの不動産を寄付すると記載しても、ほとんどの団体が寄付を現金でしか受け付けていないので、「絵にかいた餅」になり実行できません。この場合、遺言書で「不動産は換金処分してから○○団体に寄付をする」と記載し、**具体的内容については「死後事務委任契約で定める」**と記載するとよいでしょう。

　このように、遺品整理や賃貸物件の賃料の支払い、不動産の処分には時間とお金がかかります。また、本人の死後、これらのことを確実に実行するためには、**遺言書による「遺言執行者」と「祭祀主宰者の指定」、生前契約である『死後事務委任契約書』の具体的な事務手続の記載が必要**になりますので、セットで作成するとよいでしょう。

（2）子供のいない夫婦・おひとり様のお墓

　おひとり様や子供のいない夫婦の増加により、葬儀にお金をかけない「家族葬」や「直葬」が増加しています。

　最近の相談事例で増えているのは、夫や子供がいても「夫と同じ墓には入りたくない。家の縛りから自由になりたい。最後は自分らしいお墓に入りたい」……などと考える女性です。

　また、おひとり様でなくても「お墓を建てても守る人がいない。生きているうちに自分のお金を使い切りたい。お墓や葬儀にお金をかけたくない。子供に墓参りなどでお金と時間をかけさせたくない」という考え方の人が増えています。**お墓や供養スタイルは多様化しており、家族葬、永代供養が増え、従来の家墓（いえはか）は少なくなりつつあります。**

　おひとり様や子供のいない夫婦の場合、甥や姪に葬儀を行ってもらっても、墓がないと「納骨する場所がない」と遺骨を受け取られないことさえありますので、事前の準備が必要です。

　おひとり様や子供のいない夫婦で希望する人が多いのが「永代供養墓」（承継者不要の墓）です。公営・民営の墓地では「合葬墓」と呼ばれます。管理や供養は、お寺や霊園が行います（第1章Ⅶ**葬式・お墓・永代供養と『死後事務委任契約書』**参照）。

　また最近では、墓地に遺骨を埋め、墓石の代わりに自分の好きな樹木を墓標として埋葬する「樹木葬」や、遺骨を粉末状にして海や山、空などにそのまま撒く「散骨」を希望する人も増えています（第1章Ⅷ**散骨・樹木葬と『死後事務委任契約書』**参照）。

　転勤や海外勤務のある人や、田舎から都市部へ居住した人は、お墓の「改葬」を検討するべきです。改葬とは、墓に埋葬されている遺骨を別の墓に移して供養することをいいます。お墓が遠い地方にあり、お参りや管理ができないという人は、お墓を自宅近くの墓地に移転させることで、管理・供養を続けることができます。改葬の手続きは、墓地、埋葬に関する法律（墓埋法）によって、管理運営主体の証明書、各自治体の改葬許可証などが必要とされており、自分勝手に墓を移転させることはできません（第1章Ⅶ**葬式・お墓・永代供養と『死後事務委任契約書』**参照）。

　いずれにしても、おひとり様や子供のいない夫婦、家族がいても1人で暮らしている人にとって、**生きているときの備え**である『財産管理等委任契約書』『任意後見契約書』『尊厳死宣言書』と、**亡くなってからの備え**である『死後事務委任契約書』「遺言書」の両方が必要になります。「自分が生きているときも、自分が死んだ後も、親族に迷惑をかけたくない」と思うのであれば、「生前契約書＋遺言書」の作成が必要不可欠です。

　おひとり様の多くは、漠然とした不安と焦りを抱え、日々暮らしています。生前や死後の不安は、相続や終活の専門家に相談すれば簡単に取り除くことができ、充実した毎日を過ごせます。終活・遺言の準備は、人生の「終わりのはじまり」でもあります。

Ⅳ 要介護状態・認知症の人がいる家庭

ポイント

　要介護状態の人や、認知症の人を誰が面倒をみたかという「寄与分」でもめることがよくある。要介護状態や認知症になる前に『財産管理等委任契約書』『任意後見契約書』の作成が必要。

1 介護する人は、他の相続人から疑われる損な役まわり

　人を介護することは、精神的にも肉体的にも大変な苦労です。金銭的にも大きな負担を強いられます。にもかかわらず、「親の死ぬ前の介護や認知症の面倒を誰がみたか」ということが、相続の際もめる要因となります。

　介護などの面倒を兄弟姉妹のうち1人がみていると、「その人が親のお金を使い込んでいるのではないか」と他の兄弟姉妹から白い目でみられることがよくあります。これは、日常のスーパーの買い物や医療費などを支払っているうちに、親と子の家計が入り交じってしまうという、やむをえない事情もあります。たとえ領収書をとっておいても、親のお金で自分のものを買っていると疑われてしまうこともあります。

　親のサイフと自分のサイフを2つ持ってお金を支払っている、という人は少数派でしょう。子供が自分のお金で介護用品代を支払っているケースもあるでしょう。しかし中には、親の介護用品だといっ

て、実際は自分のために使いこんでしまう人もいるので、話はややこしくなります。

② 療養看護などによる寄与分

親の面倒をみていたということもまた、相続に重大な影響を与えます。

親の介護の面倒をみたり、病気の看護をしたり、亡くなった人の事業を手伝ったり、亡くなった人の財産を増やしたり、特別に貢献した相続人には、貢献の度合いに応じて法定相続分とは別に財産をもらうことが認められています。これを「**寄与分**」といいます。

◆寄与分が認められる場合

・被相続人の事業に大きく貢献してその財産を増加させた

・被相続人の財産の維持に努めてきた

・被相続人の介護援助を長年続けた

◆寄与分が認められない場合

・妻が夫の療養看護に努めた（夫婦の当然の義務のため、寄与分にならない）

・報酬をもらって看病したり、報酬をもらって家業を手伝った

❸　寄与分の計算

　寄与分が認められれば、その人（寄与者）はまずその寄与分を相続財産から確保でき、その残りを法定相続人が分ける手順となります。

◆寄与分の計算手順（例）

❶　相続人3名（長男、次男、長女）、相続財産1億円
　　長女に介護の寄与分1,000万円を認めるケース

❷　相続財産から寄与者（長女）の寄与分を控除
　　1億円−寄与分1,000万円＝9,000万円

❸　寄与分控除後の遺産を法定相続で分割
　　長男：9,000万円×3分の1＝3,000万円
　　次男：9,000万円×3分の1＝3,000万円
　　長女：9,000万円×3分の1＝3,000万円

❹　寄与者（長女）の相続分に寄与分を加算
　　長女：3,000万円＋1,000万円＝4,000万円

　ただし、実際には寄与分を認める兄弟姉妹は少なく、また家庭裁判所で認めることも少なく、認めたとしても金額は少ないのが現実です。

　一番よい方法は、介護や認知症などで既に面倒をみてくれている人や将来面倒をみてもらう人を財産管理等委任契約や任意後見契約の後見人にして、**感謝の念を遺言書に記載し、財産を他の相続人よ**

りも多く相続させることでしょう。

④ 特別の寄与

（1）特別の寄与も認められにくい

2019年7月より、相続人以外の被相続人の親族（**特別寄与者**。次の例では、長男の妻）が、無償で被相続人（本人）の療養看護等（**特別の寄与**）を行った場合、相続人（例では次男と長女）対して、金銭の請求をすることができるようになりました（特別の寄与の制度）。

◆**特別の寄与の制度（例）**

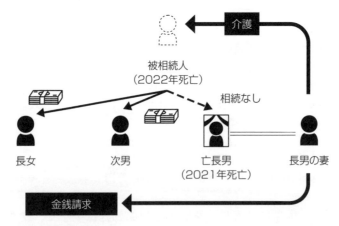

相続開始後、長男の妻は、相続人（長女・次男）に対して、金銭の請求ができる。
→ 介護等の貢献に報いることができ、実質的公平が図られる。

（法務省「相続に関するルールが大きく変わります」より一部改変）

ところが、特別の寄与が認められるには、相当高いハードルを越える必要がある、と言わざるをえません。

　相続人が特別の寄与に同意し、その寄与分の金額も協議で決まれば、特に問題は生じません。しかし、協議が紛糾してしまった場合は、家庭裁判所の決定になります。家庭裁判所が認めるためには、特別の寄与があったかどうかが問われます。

◆特別の寄与があったかどうかの判断要素（例）

> ・本人が、要介護２以上の療養介護などを必要としていたこと
> ・特別寄与者が、無償で介護・認知症などの世話をしていたこと
> ・特別寄与者が、少なくとも１年以上継続して世話をしていたこと
> ・特別寄与者が、他の仕事を何もせず、介護・認知症などの世話に専念していたこと
> ・特別寄与者が、本人の財産の維持または増加に貢献したこと

(2) 特別の寄与の金額

　特別の寄与の金額の算定については、たとえば療養看護の場合、

> 施設や業者を利用していたであろう日当額（１日6,000円〜8,000円）×介護日数

……とされるだろうと考えられます。

　これでは、高額となることは期待できないでしょう。

(3) 民法改正で生前契約書の重要性が高まった

　創設された特別の寄与制度により、寄与分の請求者が相続人以外に拡大したことによって、問題解決どころか、相続トラブルが増すおそれがあります。というのは、実際の遺産分割の場では、相続人

以外の兄弟姉妹の配偶者の主張で、相続トラブルが大きくなること
がよくあるからです。

　したがって、相続人以外の親族（長男の妻）が、本人の介護に尽
力しているケースでは、長男の妻が相続発生後に金銭を請求するの
ではなく、あらかじめ本人が感謝の気持ちを遺言として表明し、遺
言書で長男の妻に財産を遺贈するかたちが望ましい、と筆者は考え
ます。

　さらに、いずれ介護してもらうであろう本人が、まだ元気で意思
表示もできるうちに、長男夫妻と財産管理等委任契約・任意後見契
約をそれぞれ締結しておけば万全です。

前妻の子と後妻、離婚・再婚した人

ポイント

　離婚・再婚して子供のいる人は相続でよくもめる。離婚や再婚した人は相続関係が複雑になるので「生前契約書＋遺言書」が必要。

1　離婚・再婚した人は相続人と相続分が複雑に

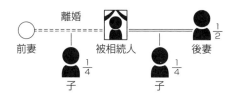

　上図において、前妻と夫（被相続人）は離婚し、その子を前妻がひきとっています。夫は離婚後に再婚し、子が生まれています。この場合、法定相続分は後妻２分の１、前妻の子と後妻の子は同じ相続分４分の１ずつになります。**遺言書がないのであれば、この３人で遺産分割協議**を行わなければなりません。

② 後妻と前妻の子は立場の違いで非常にもめる

　後妻の立場からは、現在の夫と結婚後に建てた家や預貯金を、前妻の子が相続するのは横取りだと感じます。

　しかし、前妻の子の立場では、父の財産は前妻である実母と自分が本来相続し、母が亡くなればすべて自分が相続すべきと考えます。後妻が父の財産の2分の1、後妻の子が4分の1相続するのは「横取りであり、許せない」と感じます。

　さらに、後妻が亡くなれば、後妻の財産はすべて後妻の子が相続するので、「絶対に許せない」と感じます。後妻に子供がいない場合は、後妻の両親や兄弟姉妹が相続し、「父の財産が他家に行くのは横取り」だと感じます。

　夫と後妻の間に子供がなく、前妻の子に財産を引き継いでほしいときには、生前に前妻の子を、自分と後妻との間の養子とする必要があります。当然、この場合には、後妻の同意を得る必要があります。

　また、夫と後妻が前妻の子を養子にしても、前妻の子は実母（前妻）からの相続分はそのまま相続できます。養子縁組後に生まれた子は、夫と後妻の孫になります。

③ 内縁の妻には相続権なし

　内縁の妻には、相続人として財産を相続する権利はありません。しかし、内縁の妻は、相続人が誰もいないときには特別縁故者＊として財産分与を受けられます。また内縁の夫と賃貸住宅に住んでい

たときには、そこに住む権利は承継され、追い出されることはありません。

　しかし、内縁の夫の持ち家に内縁の妻が同居していた場合、実子（内縁の夫の子）が相続人の場合、内縁の妻に対して同居している家から退去を迫ることがあります。

4　離婚・再婚の相続はかなり複雑

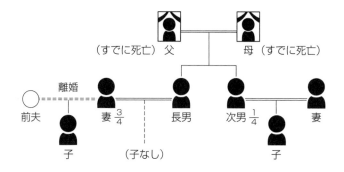

　たとえば上のような相続関係図で、子供がいない長男が両親から主に財産を相続していたとします。長男が妻よりも先に亡くなった場合、その相続分は妻が4分の3、次男が4分の1になり、遺言がないと財産の大部分を妻が相続することになります。つまり、遺言書がないと、両親から相続した長男名義の財産は、もともと他人である妻が相続することになります。そして妻が相続した財産は、妻の死後すべて妻と前夫の子が相続します。

---

　*特別縁故者……相続人ではないけれども被相続人と生計を同じくしていた者、被相続人の療養看護に努めた人、その他故人と特別縁子関係があった人。具体的には、内縁の夫・妻、未届の養子など。

　このように、離婚・再婚があった場合、法定相続人を特定することがかなり難しくなることがあります。死亡する順番が異なるだけで法定相続人になったりなれなかったり、相続財産が多くなったり少なくなったりするので、かなり複雑な相続になり、厄介なのです。

　今の時代、離婚や再婚は珍しいことではなく、後妻や後妻の子に加え、先妻の子も相続人というケースも多くあります。後妻や後妻の子と、先妻の子で面識がないこともあるでしょう。

　さらに、相続の節税対策として婿や嫁、孫などを養子にしている人もいます。

　このように**離婚・再婚した場合や、養子・認知した子がある場合、もともと相続人同士が他人の関係**であるため、それぞれの思惑や打算が異なり、相続問題を円満に解決することは非常に困難になります。

　離婚・再婚した人の相続対策は、夫婦どちらが先に死亡するのか分からないため、夫婦でお互いに遺言書を作成する必要があります。その場合、必ず補充遺言にすることが大切です。

　本人（夫）と先妻の子、後妻と後妻の子が同居している場合、夫が死亡した後、後妻が先妻の子を追い出したり、冷遇することがよくあります。そのため、自宅の相続を第一に考えた遺言書の作成が重要になります。

　高齢になってから遺言を用意しようとしても、急な病気や事故、要介護状態や認知症などになって準備できなくならないとも限りません。離婚・再婚して家族関係が複雑で、少しでも不安を感じたならば、早めに「生前契約書＋遺言書」の準備をしておきましょう。

Ⅵ　アパ・マンの家賃収入 とローンがある人

ポイント

アパートやマンションの家賃収入や借金は相続発生後、遺言書がないと法定相続分になる。賃貸物件がある人は、特に遺言書を作成する必要がある。

1　アパートの家賃収入は相続開始と 同時に法定相続分で分割

　相続財産に家賃収入のあるアパートやマンションがある場合、その家賃収入は、アパートやマンションを相続する人が当然に承継するわけではありません。平成17年9月の最高裁判決で、**相続発生後、遺言書がない場合、家賃収入は遺産分割協議が成立するまでの間、法定相続人全員が法定相続分で分割しなければならない**とされています。

　たとえば、相続人が妻、長男、長女の3人で家賃収入が月額40万円ある場合、相続開始と同時に妻が20万円、（2分の1）、長男10万円（4分の1）、長女10万円（4分の1）を受け取る権利が発生します。したがって、長女が「毎月10万円支払ってほしい」と言うなら、支払わなければなりません。

　また、相続開始から遺産分割協議が調うまでの間、相続人全員が法定相続分の家賃収入があるので、所得税の確定申告をしなければなりません。

遺言書にアパートは誰が相続するのか書いてあれば、アパートから生じる家賃収入はその相続人のものになります。遺言書がないと、「毎月の借金（アパートローン）を払わなければならないが、家賃収入が振り込まれる被相続人の銀行口座は凍結され、家賃収入が入らない」ということにもなりかねません。支出は毎月あるが、収入は凍結、という事態になってしまうということです。

2 アパートローンは相続開始と同時に法定相続分で相続

アパートの建築資金を銀行などから借り入れた場合、アパートを相続した人が当然に借金を承継するわけではありません。アパートの借金は、相続開始と同時に、法定相続分に従って取得します。最高裁は昭和 34 年 6 月の判決で、**借金は相続開始と同時に法定相続分に応じて分割承継される**としました。

たとえば、アパートの相続税評価額 9,000 万円、アパートローン 6,000 万円で、相続人長男、長女、次男の 3 人の場合、計算上はアパート 9,000 万円からアパートローン 6,000 万円を差し引くと 3,000 万円の遺産があることになります。この場合、相続人 3 人で各々 1,000 万円ずつ相続できるかというと、実は相続できません。

実際には借金は、自動的に、長男、長女、次男は各々相続分に応じて 2,000 万円ずつ承継します。当然、この借金でもめることになるでしょう。

3　ローンのあるアパートの相続対策

　アパートの借金のある人の相続にはいくつかの方法があります。

　第1の方法は、1人の相続人が単独でアパートを相続することです。このとき、他の相続人との間で免責的債務引受契約を締結し、その相続人の配偶者や子供、兄弟姉妹が新たな連帯保証人となる必要があります。また、銀行の同意を取り付けるための審査や承継手続が別途必要になります。

　借金によってアパートを建て、その家賃収入からアパートローンの返済をするために大切なことは、建物と土地は同じ相続人が相続することです。

　たとえば、借金のあるアパートの所有者が親で、子供が連帯保証人の場合。子供がアパートローンを承継するとき、銀行などの抵当に入っている建物と土地も同時に相続しなければ、借金の返済ができません。

　つまり**建物と土地、その借金は三位一体で相続すべき**なのです。そうしないと所得税を計算するとき、借金の利息を経費で落とせなくなります。

　第2の方法は、1人の相続人がアパートを相続する代わりに「代償分割」して、他の相続人に代償交付金を与える方法です。この方法は、生前の相続対策として親が生命保険に加入し、資金準備をしておく必要があります。

　第3の方法は、アパートを売却して現金化し、借金を返済し残ったお金を相続人で分配する「換価分割」という方法です。しかし売却するにしても、地方都市の郊外の空室の多いアパートや築年数の相当経過したアパートでは、実際に売買する時価が相続税評価額や固定資産税評価額を下回り、借金が残るケースも多くあります。

　相続人が相続したくない財産は、借金と老朽アパートです。そもそも相続対策で、節税のために借金するとトクだ、という考え方自体が間違っています。それどころか、借金すると相続税の支払いができない、そして相続貧乏になり全財産を失うリスクもあります。借金を相続したい相続人は誰もいません。分けられないアパートと借金が争族要因となります。

　相続対策として、『**財産管理等委任契約書**』『**任意後見契約書**』で、**高齢者の親の代わりにアパートの管理・維持や不動産会社との交渉などを誰がするのかをあらかじめ決めておく**必要があります。また、死後の家賃収入を誰が受け取り、アパートローンを誰が支払うのかを遺言書で決めておきましょう。

中小企業の自社株式と貸付金のある人

ポイント

　自社株式を生前贈与すると、特別受益、株価上昇、議決権の3つのリスクがある。相続税を会社に支払ってもらう方法には、自社に売却する方法と、死亡退職金を支払う方法の2つがある。

1　自己株式の生前贈与3つのリスク

(1) 自己株式の特別受益リスク

　平成18年5月の会社法改正により、自己株式の取得が緩和されました。「自己株式」とは、会社から見た会社の株式のことで、「金庫株」と呼ぶこともあります。また「自社株式」とは、経営者個人から見た会社の株式のことです。

　自社株式を、会社の後継者である長男に、毎年生前贈与している経営者をよく見受けます。この**生前贈与の方法は、特別受益と株式の値上がりという2つのリスクを含んでいます**。

　相続人に行った生前贈与は、特別受益と考えられます。たとえば、中小企業の後継者である長男にだけ自社株式を生前贈与すれば、特別受益となります。特別受益は相続の前渡しですから、相続の際その生前贈与分を相続分から差し引いて計算します。

◆特別受益があるときの相続分の計算方法

みなし相続財産＝遺産総額＋特別受益（生前贈与）－債務（借金）

❶ 相続人4名（妻、長男、次男、長女）、遺産総額9,000万円
長男が自社株式3,000万円を特別受益（生前贈与）されたケース
みなし相続財産＝9,000万円＋3,000万円－0円＝1億2,000万円

❷ みなし相続財産を法定相続分で分割
長男：1億2,000万円×6分の1＝2,000万円

❸ 法定相続分から特別受益分を差し引くと
2,000万円－3,000万円＝－1,000万円
とマイナスとなり、長男の相続分はなくなる。

（2）自社株式の値上がりリスク

　生前贈与の贈与税は、贈与したときの価格で計算します。しかし特別受益を計算するときの価格は、贈与税の価格ではなく、「**相続開始時の時価**」となります。

　ですから、会社が成長している場合には、株式の値上がりリスクへの対応が必要となります。

◆自社株式が値上がりしたケース

❶ 相続人4名（妻、長男、次男、長女）、遺産総額9,000万円
長男に3,000万円（1株5万円の自社株式600株）を生前贈与（20年前）
みなし相続財産 = 9,000万円 + 3,000万円 − 0円 = 1億2,000万円

❷ みなし相続財産を法定相続分で分割
妻 ：1億2,000万円 × 2分の1 = 6,000万円（遺留分3,000万円）
長男：1億2,000万円 × 6分の1 = 2,000万円（遺留分1,000万円）
次男：1億2,000万円 × 6分の1 = 2,000万円（遺留分1,000万円）
長女：1億2,000万円 × 6分の1 = 2,000万円（遺留分1,000万円）

❸ 20年後、会社が成長し、1株25万円（600株では1億5,000万円）になったケース
長男への贈与は生前であっても特別受益となる
みなし相続財産 = 9,000万円 + 1億5,000万円 − 0円 = 2億4,000万円

❹ 妻 ：2億4,000万円 × 2分の1 = 1億2,000万円（遺留分6,000万円）
長男：2億4,000万円 × 6分の1 = 4,000万円（遺留分2,000万円）
次男：2億4,000万円 × 6分の1 = 4,000万円（遺留分2,000万円）
長女：2億4,000万円 × 6分の1 = 4,000万円（遺留分2,000万円）

このケースでは、長男の法定相続分は4,000万円ですから、相続財産が受け取れなくなるのは当然ですが、**他の相続人への遺留分侵害の問題**が発生します。

(3) 自社株式の議決権リスク

　自社株式は、遺言がない場合、遺産分割協議が調うまで相続人の共有財産になります。相続で株式１株が相続人間の共有となり、**株式１株は、相続人が**（前述のケースでいえば）長男・次男・長女の**３人いれば、各自の持分が３分の１の共有**になります。不動産で１か所の土地があった場合、その不動産は共有となり、相続人が３人いれば共有持分が３分の１ずつになるのと同じです。

　１株につき１個の議決権があり、議決権の行使は共有持分の過半数により決定します。つまり、相続人が長男・次男・長女の３人の場合、自社株式が各々３分の１ずつの共有持分となり、３人のうち２人の意見で賛成か反対かを決定できるのです。

　もし遺言書がない場合、次男と長女が協力して、株主総会で会社提案をすべて否決することも可能となります。その結果、会社の経営が立ち行かなくなる経営リスクが発生します。

　自社株式の対策方法には、「**生前贈与**」「**譲渡（売買）**」「**遺言書**」などがあります。

　いずれにしても、自社株式を事業後継者に集中して承継させるためには、まずオーナーが、後継者以外の相続人の遺留分を侵害しない遺言書を作成することです。遺言書がない場合、法定相続分による遺産分割と自社株式の共有問題が必ず生じます。

　次に、自社株式の買取資金対策、相続税や贈与税の資金対策、他の相続人に支払う生命保険を活用した代償分割資金対策等の資金準備を考えることです。高齢のオーナーが退職した後、オーナーの代わりに後継者が相続対策を行うには、財産管理等委任契約や任意後見契約を締結する必要があります。

❷　相続税を会社に払ってもらう　自己株式の買取り制度

(1) 中小企業の後継者への自社株対策

　中小企業のオーナーが亡くなった場合に、後継者が相続税の納税資金に困ることがよくあります。含み益のある不動産を多く所有しているか、または過去の会社の剰余金が高額であるからです。

　そのうえ厄介なことは、中小企業の自社株式は非上場株式であり、市場で売買できないという換金性の問題です。また、第三者に売却すれば、自分の会社の支配権や経営権を失う危険性もあります。

　従来の税理士らが行っていた、自社株の評価を下げる対策はもはや時代遅れであり、これからの中小企業は、納税資金と遺産分割対策を最重点に考えたほうが、事業承継にとってよいと著者は考えます。

　中小企業の後継者への自社株対策で多いのが、暦年課税の非課税枠110万円を使った毎年の生前贈与です。しかし、この方法は自社株式の特別受益リスク、自社株式の値上がりリスク、自社株式の議決権リスクの3つのリスクを含んでおり、危険な方法です。

(2) 自己株式の買取り（取得制度）とは

　この自社株式の3つのリスクを考えた場合、中小企業のオーナーが亡くなったときに活用できる、「自己株式の取得制度」がよい方法であることが分かります。

　自己株式の取得制度とは、自社株式を取得した後継者(相続人)が、相続税の納税資金のために自分の会社に自社株式を売却し、その売却代金で相続税を税務署へ納税することです。

　この制度の最大の魅力は、生前に自社株式を発行会社（＝自分の

会社）に売却した場合、最高55％になる税率が、相続や遺贈により取得した自社株式を発行会社に売却した場合は最高20％程度になり、税法の優遇措置が適用されることです。

　ただし、以下の**特例の5つの適用要件**を満たす必要があります。

①個人が相続または遺贈により自己株式（非上場株式）を取得し相続税がかかること。

②相続税の申告期限から3年以内の譲渡であること。

③相続した自己株式を発行会社に譲渡すること。

④発行会社が買い取ることができる金額は、その会社の「配当可能利益」の範囲内に限られること。

⑤発行会社が相続人から自己株式を取得する場合、株主総会の特別決議を必要とすること。

　その会社の「配当可能利益」とは、余剰金のことです。すなわち、黒字経営している会社だけが、買い取ることができるのです。

　株主総会は、定時株主総会でも臨時株主総会でもかまいません。

　この自己株式の取得制度を利用すると、相続税を会社が支払うことになります。つまり、この**自己株式の取得制度は、相続税を会社に支払ってもらう方法**といえます。

　一般に、会社が自己株式の買取りを行った場合に、売却した個人株主に対する課税関係は、通常の株式売却の課税関係とは異なります。売却価格の一部が配当所得とされ総合課税となり、住民税・所得税合わせて最高約55％の税率になります。つまり、生前に自己株式を売却すると、通常の株式売却と異なり、非常に高額となるケースがあるので注意が必要です。

　これはみなし配当課税になるからです。みなし配当課税とは、会社が自己株式を株主から買い取る際に、会社内に蓄えられた利益を

配当することと同じだとする、税法特有の考え方です。

しかし、個人が相続により取得した株式を相続税の申告期限から3年以内に発行会社へ譲渡した場合には、みなし配当課税ではなく譲渡所得として分離課税となり、住民税・所得税合わせて約20％の税率になります。そのうえ、その譲渡した株式にかかった相続税を取得費に加算できる「相続税の取得費加算の特例」が適用され、税金面で非常に有利になります。

◆自己株式の譲渡の計算式

（自己株式の売却価格 − 取得価格）× 20％* = 税額
↑
「相続税の取得費加算の特例」が適用可

❸ 自己株式の買取り資金は 生命保険が最適

（1）生命保険が買取り資金に最適な理由

自己株式を買い取るとき、最大の問題は買取り資金です。買取り資金を現金預金で準備すればよいのですが、運転資金や設備資金を確保しつつ、それ以外に買取り資金を準備することは、一般的に困難です。

中小企業のオーナーが亡くなったときに不動産を売却するという

---

*所得税 15％ + 住民税 5 ％。平成 25 年から令和 19 年までは、復興特別所得税として、各年分の基準所得額の 2.1％を、所得税とあわせて申告・納税することになる。

方法もありますが、含み益のある不動産を売却すれば多額の法人税がかかります。また不動産の売却には手間と時間がかかりますし、相続税の申告期限 10 か月以内に必ず売却できるとも限りません。

　会社が借入金で自己株式を購入すると、その現金はそのまま買取り資金として後継者である相続人の手に渡ってしまい、会社には残りません。そして会社には借入金だけが増加して、会社経営を圧迫するマイナス要因となります。

　また、借入金は自己株式の取得制度の適用要件である「配当可能利益」には該当しませんので、いくら借入金を用意してもその会社に「配当可能利益」がなければ、自己株式を購入できません。

　では、何が一番自己株式の買取り資金として最適なのか。その答えは生命保険以外にありません。中小企業のオーナーが亡くなったときに、自己株式の買取り資金が必要になります。生命保険はオーナー経営者が亡くなったときに必ず保険金が会社に入ってきますから、自己株式の買取り資金として最適です。タイミングがベストなのです。

　また、赤字会社で「配当可能利益」がない会社でも、オーナー社長が亡くなったときに生命保険金という現金収入により、「配当可能利益」を押し上げ、適用要件に該当することができます。

　生命保険に加入するとき、どの生命保険会社を選んだらよいかとか、どの生命保険商品がよいかということは、たいして重要ではありません。生命保険は誰から加入したかによって決定されるので、**「誰から」が最も重要**です。生命保険そのものはとてもシンプルです。問題は、相続や自己株式について知識や経験があるかどうかです。

　生命保険でも有価証券でも、営業マンは手数料の多い商品を販売したいものです。またお客のほうでは、相手を以前から知っているからとか、GNP（義理・人情・プレゼント）で加入しがちです。結果として、たいていの人は生命保険や金融商品選びで失敗します。

　自社株式の購入資金目的で加入する生命保険は、オーナー社長が亡くなるまで、高額な保障が続いていることが必要です。法人契約で途中解約せず、後継者の納税資金に役立つことが大切です。生命保険の選択を間違えないことです。

　オーナー社長が高齢や病歴を理由に生命保険に加入できない場合は、相続コーディネーター®ほか専門家にご相談ください。

　また生命保険は、自己株式の購入資金の確保だけではなく、後継者である相続人が、自分が自己株式を相続する代わりに、他の相続人に対して代償分割*の代償交付金*（現金）に保険金を充当することで、相続争い対策として役立てることもできます。

　またオーナー社長の兄弟姉妹や親族が自己株式を保有している場合、その兄弟姉妹などが亡くなったら、その配偶者や子供等から自己株式を購入することで、会社として自己株式の分散防止対策にもなります。

　生命保険は、代償分割や自己株式分散防止などの相続対策に利用できる有効な方法といえます。

４　生命保険を活用した自己株式の買取り

（1）相続した自己株式を自社に売却する方法

　相続税を会社に支払ってもらう方法には、「相続した自己株式を

---

　*代償分割……１人の相続人が自社株や不動産などの分割しにくい財産を相続する代わりに、その相続人が他の相続人に対して自分の所有する現金などの財産（代償交付金）を渡すこと。
　*代償交付金……代償分割のときに特定の相続人が他の相続人に渡す金銭。

自社に売却する方法」と「自社からオーナーに死亡退職金を支払う方法」の2つがあります。

相続した自己株式を自社に売却する方法は、次の手順になります。

◆生命保険を活用して相続税を会社に支払ってもらう方法

契　約　者：会社
被保険者：社長（株主である役員）
受　取　人：会社

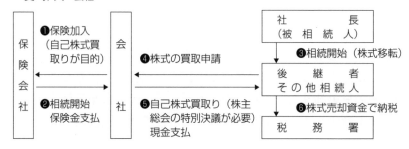

- ❶会社が自己株式の買取りのために、生命保険に加入する。会社が自己株式を買い取るための資金とするので、受取人は会社になる。生命保険の加入形態は契約者会社、被保険者社長（または株主である役員）、受取人会社になる。
- ❷相続開始時に、生命保険金が会社に支払われる。
- ❸社長（または株主である役員）の遺産分割が行われ、後継者が自社株式を取得する。
- ❹後継者は発行会社に対して、自己株式の買取りを申請する。
- ❺会社は、株主総会の特別決議によって自己株主の買取りを決定し、後継者に買取り代金を支払う。また取締役会決議と株主に対する通知を行う。
- ❻後継者は、自己株式の売却資金で税務署に相続税を支払う。

　このように、自己株式の取得制度は、適用要件、税額計算、株主総会議事録の作成、生命保険商品の設計と知識、会社の承継問題など、複雑でトータルな知識と技術が必要になります。実行する場合は、必ず専門家のプロジェクトチームにご相談ください。特に生命保険の活用法は、自分にあわない商品に加入すると逆効果になることもありますので、注意が必要です。

（2）自社からオーナーに死亡退職金を支払う方法

　自社からオーナーに死亡退職金を支払う方法を実行するためには、生前に生命保険に加入し、相続開始時にその生命保険を原資としてお金を支払ってもらうよう、会社で準備しておく必要があります。このときに支払う死亡退職金には、相続人１人につき500万円の非課税があり、相続人が４人であれば2,000万円の非課税となるので、**相続税の節税対策**にもなります。

　自己株式を相続したときの相続税の納税方法は、一括払いが原則です。

5　社長個人の貸付金は相続財産になる

（1）社長個人の貸付金は相続財産になる

　中小企業の資金繰りなどでお金が足りなくなったとき、一時的に社長個人のサイフから同族会社へお金を融通することがよくあります。また、継続的に行っている社長も見受けられます。

　このお金は会社からみた場合、「借入金」ということになります。そして個人からみた場合、会社に対する「貸付金」になります。この「貸付金」は、社長が死亡すると社長個人の相続財産になります。なぜなら、会社に貸したお金は、そもそも社長個人のサイフにあっ

たお金であり、個人の相続財産となるからです。

　相続問題として考えた場合、社長個人の会社への「貸付金」は大問題です。社長個人の貸付金は相続財産として実態がなく、しかもお金として残っておらず、**ない財産に相続税が課税される**ということになるからです。

(2) 社長個人の貸付金を処理する５つの方法

①遺言により貸付金を放棄する方法

　会社が社長個人への借入金を返済できないときには、社長個人が遺言書を作成し、同族会社に貸付金を遺贈することによって、相続開始時に同族会社の「貸付金」を放棄することができます。遺言書によって貸付金を放棄すれば、社長個人の貸付金は消滅するので、社長が亡くなったとき相続財産ではなくなり、貸付金に対する相続税は課税されません。

　この「貸付金」には、相続税は課税されず、法人税が課税されます。しかし同族会社が赤字で繰越欠損金＊があれば、会社の借入金が免除されたことによる利益は繰越欠損金で相殺できるので、繰越欠損金が多くあれば法人税は課税されません。現時点で黒字の会社であれば、将来的に赤字が発生した際に、繰越欠損金を計上してから実行すればよいのです。

　ここで注意すべき点は、借入金が免除されると、同族会社の純資産額が上昇するので、自社株式の価格がアップすることが予想されることです。その結果、その値上がり部分の株価は他の株主への贈与とみなされことがあるので、相続に詳しい専門家による事前の相続対策が必要になります。

　＊繰越欠損金……青色申告法人が赤字を翌期以降の黒字と相殺できる
　　制度。相殺できる期間は 10 年。

②貸付金を資本に換える方法

　借入金の額が多いため貸付金を放棄すると法人税が課税される場合には、「借入金」を「資本金」に換えるという方法をとることもできます。

③貸付金を家族に贈与する方法

　同族会社への「貸付金」を妻や子、孫などへ生前贈与する方法です。同族会社に貸付金があるということは、会社から社長個人へお金を返済しなければならない義務がある、ということです。そこで、社長個人の返済を受ける権利を妻や子、孫などに贈与するのです。

　ここで注意すべき点は、実際に同族会社の貸付金のお金そのものを妻や子、孫などに移すわけではなく、権利のみが法律的に移行されることです。このとき事前に相続税の試算をしておき、相続税率よりも低い贈与税率で贈与すれば、相続税と贈与税の差額が相続税の節税対策になります。

④貸付金で不動産を購入する方法

　同族会社が土地や建物などを所有している場合、この不動産を社長個人が会社に対して持っている「貸付金」で購入する方法があります。つまり、同族会社の不動産と社長個人の貸付金を相殺するのです。この方法によって、社長個人の貸付金というお金から、社長個人の土地や建物という不動産に換えるのです。

　その結果、社長個人の貸付金の相続税評価額は現金100％評価であったものが、現金を不動産に換えることにより、土地は路線価80％、建物は固定資産税評価額70％程度になり、相続税評価額を20～30％程度下げることができます。結果的に相続の節税対策になりました。

このときに注意すべきなのですが、同族会社が土地を売却した場合、売却益が出るときには法人税の対象となります。しかし赤字会社で繰越欠損金があれば相殺され、売却益は出ません。この場合も、相続に詳しい専門家による事前の相続対策が必要になります。建物は一般的に購入金額よりも売却金額が低くなりますので、売却益はほとんどないでしょう。

⑤貸付金を総合的な相続対策で処理する方法

上記①〜④の方法と、総合的な相続対策を組み合わせて実行する方法です。

いずれにしても、社長個人の「貸付金」は、社長が生存中に必ず解消すべき相続問題です。この対策を実行するには、会社の財務分析、相続財産の評価と遺産分割、不動産や税務、法務の総合的な知識と経験による計画的な準備が必要になりますので、繰り返すようですが相続に詳しい専門家にご相談ください。

「貸付金」は相続財産になるので、必ず遺言書で相続する人を指定しておく必要があります。

分割できない不動産を持つ人

ポイント

　主な財産が自宅や土地だけで、そこに誰かが住んでいる場合、遺産分割は至難の業（わざ）。分けられない不動産のある人は、不動産について誰に相続させるのか、遺言書に書いておく。

1　不動産の分割は容易ではない

　不動産は相続のとき、均等に分割するのが容易ではありません。たとえば、同じ地域に同じ面積の土地があったとしても、間口、奥行き、前面道路の幅、周囲の環境によって不動産価格は変わります。1棟のマンションに1階と最上階を所有している場合、階層が高くなるほど価格設定が高いものです。したがって、同じマンションであれば、相続人は最上階を欲しがります。

　実際の相続では、不動産の土地の地目は宅地、畑、田、山林、原野、雑種地などがあり、地積は同じものがほとんどありません。また建物も、居住用の自宅、アパート、マンション、倉庫、駐車場、別荘地など、同じものはありません。さらに、賃貸物件には根抵当権があったり、兄弟姉妹の共有地もあります。

　売買できない山林、畑、田、原野、別荘地などがあれば、売却できないけれども固定資産税を毎年支払わなければなりません。

　いずれにしても、不動産の分割が容易でないのは、**同じ不動産が二つとないことに起因**しています。

② 不動産がある人は遺言書が必要

　不動産の相続税は、路線価または倍率方式で計算します。しかし、**不動産の遺産分割の方法は相続税評価ではなく、時価**で行います。遺言書があるときも、遺言書がなく遺産分割協議をするときも「相続開始時の時価」で計算します。また遺言書があって遺留分を計算する際には、当然路線価ではなく「時価」を使用します。

　相続税評価の路線価は、１㎡あたりの土地の評価を国税庁が通達で発表している、あくまで一つの目安にすぎません。「時価」とは実際の不動産取引における売買価格であり、一般的に不動産鑑定士による鑑定評価額などを使用します。相続人間で合意できれば、近隣地域の取引事例や相続税評価を参考にして価格を設定することも可能です。

　遺言書の原案作成を依頼する人も、依頼された弁護士や司法書士、行政書士でも、遺留分や相続税を計算してから作成する人はあまりいません。不動産の時価の意味すら分かっていない専門家も多いので、注意が必要です。

　また、相続税が課税される人は相続税の試算をしてから、どの相続人にいくら納税資金が必要なのかを考えて、相続税が支払えるように配慮した遺言書の作成も必要になります。

　相続財産に不動産がある人は、遺言書で相続人ごとに不動産を指定すれば、後の相続人間の争いを防ぐ方法となり、また不動産の共有を防ぐこともできます。遺言書を作成する場合は、不動産を指定し、相続税額や遺留分を計算してから書くとよいでしょう。

❸ 主な財産が自宅だけの人はよくもめる

◆遺産分割事件のうち認容・調停成立件数

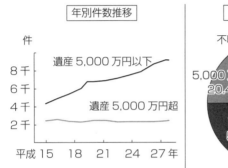

年別件数推移

件
8千
6千
4千
2千

遺産 5,000 万円以下

遺産 5,000 万円超

平成 15　18　21　24　27年

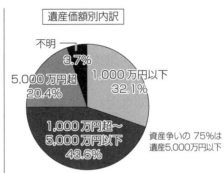

遺産価額別内訳

不明
3.7%

5,000万円超
20.4%

1,000万円以下
32.1%

1,000万円超〜
5,000万円以下
43.6%

資産争いの 75%は
遺産5,000万円以下

（平成 27 年「司法統計年報」をもとに作成）

　やや古いデータですが、平成 27 年度の相続争いにおいて、遺産 5,000 万円以下のケースが 75％を占めています。遺産が少ない人ほど、遺産分割対策である遺言書の作成をする必要があることが分かります。また相続争いで多いのは、主な財産が土地や自宅しかなく、簡単に分割できない場合です。

　主な財産が自宅だけという場合、相続人間で法定相続分どおりに分けることはほとんど不可能です。さらにその家に配偶者や子供が住んでいたりすると、自宅を売却してお金で分けることもできません。

　不動産の遺産分割で結論がでない、もしくは平等に財産を相続させたいという理由で、不動産を共有名義にすることもよくあります。遺産分割を先送りすることによってさらに共有者人数が増え、問題が悪化し、解決の糸口すら見出せない事例を、筆者はたくさん見てきました。

　不動産を共有にしてしまうと、建替えや売却する際に、全員の合意が必要になります。また、兄弟のうち誰かがお金が必要となって不動産を売却したいとき、全員が合意しなければ売却できません。売却するかどうかで兄弟姉妹がもめることもあります。

　さらに厄介なのは、共有者が亡くなり、配偶者や子供が相続する場合です。つまり、甥や姪と共有になったり、従兄弟同士の共有になってしまいます。相続人数も年月とともに膨れ上がり、人間関係もますます疎遠になり、話合いが困難になっていきます。

　一度不動産を共有にしてしまうと、単独名義にすることは簡単ではありません。贈与すれば贈与税、売買すれば譲渡税がかかり、それ以外に不動産取得税や登録免許税もかかります。

　共有は、そのときは均等に仲良く分けることができたような気になりますが、実態は問題の先送りであり、**絶対にやってはいけない**ことです。

　たとえば、母親が亡くなり相続人は長男・次男の２人で、主な財産は自宅だけとします。長男が自宅に同居し死ぬまで母親の面倒をみていました。長男は「自宅を相続するのは当然である」と考えます。しかし法律では、長男と次男は自宅を法定相続分の２分の１ずつ分けることになります。これでは長男が納得いかないでしょう。

　このケースでは、母親が遺言書を書き、長男が自宅を相続する代わりに次男にその代償金を支払う代償分割という方法をとれば、上手くいくでしょう。この代償金の原資を生命保険で用意しておけばよいのです。

　長男が母親の老後や介護の世話をするのであれば、財産管理等委任契約や任意後見契約を締結しておくべきでしょう。長男が葬儀を取り仕切るのであれば、葬儀費用や法要などのことを『死後事務委任契約書』に記載しておくべきでしょう。費用面と責任面が明確になり、相続トラブルを防ぐことができます。

4　親の土地に子供が家を建てるケースは遺言書が必要

　親（被相続人）の土地の一部に、息子夫婦や娘夫婦が家を建てて住むことはよくあります。このような場合、親子の使用貸借がほとんどです。しかし、これは相続においてトラブルの原因によくなりますので、必ず遺言書を作成しましょう。

　こうしたケースでは、相続対策の方法は3つあります。

　第1の方法は、生前贈与です。しかし、その生前贈与は特別受益となり、相続開始時に持ち戻すことになります。そこで遺言書を書いて「特別受益の持戻免除」という意思表示をすることで、相続トラブルを防ぐことができます。

　たとえば、長男に住宅資金2,000万円を贈与したならば、「相続分の計算にあたっては贈与がなかったものとして計算する」という遺言書を作成しておけばよいでしょう。ただし、遺留分を侵害しないようにする必要があります。

　第2の方法は、定期借地権契約の方法です。この場合も、遺言書で貸地権（底地）を相続させるという意思表示が必要になります。この賃貸借契約が単なる形式だけであったり、賃借料が極端に安い場合は、使用貸借とみなされ借地権は認められないこともありますので、注意が必要です。

　第3の方法は、子供が住んでいる土地を遺言で相続させる方法です。この方法が最善であると筆者は考えます。

相続トラブル対策は遺言書と生命保険の代償分割で

ポイント

　主な財産が自宅、自社株、農地などで分割しにくい場合の相続争い対策は、第1に遺言書の作成。第2に生命保険を活用した代償分割。

1 代償分割が有効な場合

(1) 代償分割の有効性と問題点

　これまで述べたとおり、代償分割は、自宅、農地、その他事業用などの不動産や自社株が主な相続財産である場合に、有効な分割方法です。

　同族会社の場合、不動産や自社株などの事業用資産を後継者へ集中させなければならないという背景があります。

　また、土地持ち資産家や農家の場合、先祖伝来の土地を後継者に相続させたいという思いがあります。

　代償分割の問題点は、代償交付金を支払う側（後継者）にその支払い能力がない場合が多いことです。

(2) 相続で代償分割をすべき人

- ・先祖伝来の不動産を多く所有し、1人の相続人に多く不動産を相続させたい人
- ・中小企業・個人商店の経営者、農家等、分割できない財産を多く所有する人
- ・主な財産が自宅しかなく、子供が法定相続分で分割できない人
- ・同居している子供・パラサイトシングルの子供・定職を持たない子供・シングルマザーの子供などに自宅を相続させたい人
- ・身体障害者・精神障害者の子供に多く財産を相続させたい人
- ・遺留分が遺言書を書いても確保できない人
- ・相続財産が法定相続分で分割できない人

2　遺言書による遺産分割対策

- ・被相続人：父
- ・相 続 人：3名（長男、次男、長女）
- ・相続財産：自宅とその他不動産2億円
　　　　　　　預金4,000万円
- ・生命保険：4,000万円（契約書：父、被保険者：父、受取人：長男）←遺留分対象外
- ・父の意向：自宅とその他不動産すべてを、同居している長男に相続させたい
　　　　　　　（しかし長男には金銭的余裕がない）

　この事例では、遺言がないと、法定相続分は長男、次男、長女各々8,000万円になります。長男が次男と長女に合計1億6,000万円渡す金銭的な余裕がないと、自宅など不動産を売却して、その代金を均等に分けざるをえません。また、土地が父親名義で建物が長男名義になっている場合、売却も困難です。

　あらかじめ遺言書を作成しておくことで、次男と長女の法定相続分各々8,000万円の半分の4,000万円の遺留分を渡せばよいことにできます。この場合、長男1億6,000万円、次男と長女各々4,000万円に分割できますが、これでは長男が自宅など不動産2億円を相続できません。

❸　生命保険を活用した代償分割

　遺言書の作成の次に検討すべきなのが、生命保険を活用した代償分割です。

（1）生命保険が遺産分割に最も有効な理由

　相続対策、特に遺産分割対策と納税資金対策において、生命保険は最も有効な手段となります。その理由は3つあります。

　第1に、**生命保険は相続財産ではなく、遺産分割協議の対象外**であり相続人同士が話し合いをしなくてもよい財産です。

　第2に、**生命保険は遺留分の対象外**の財産であり、相続人の遺留分侵害の問題が生じません。

　第3に、生前に長男に土地を贈与したり、長女に結婚資金を贈与した場合、相続の際特別受益の持戻しの対象となりますが、**生命保険は特別受益の持戻しの対象外**であり、遺産分割で相続トラブルの原因になりません。

（2）生命保険による代償分割の順序

　前項のケースの場合、まず父が遺言書を作成し、「長男に自宅と
その他不動産を相続させる」と書いておきます。次に父が生命保険
に 4,000 万円以上加入し、長男を死亡保険金の受取人とします。

　父が死亡したとき、長男は自宅とその他不動産と死亡保険金を受
け取ります。そして自宅とその他不動産 2 億円を相続する代わりに、
自分が受取人になっている死亡保険金 4,000 万円を原資として、次
男と長女に現金（代償交付金）を渡します。

　次男と長女は現金 4,000 万円と代償交付金 4,000 万円の合計 8,000
万円を受け取ることとなり、遺留分を確保できます。

　長男から次男と長女に渡す代償交付金 4,000 万円には、贈与税は
かかりません。

　このとき、**死亡保険金の受取人を次男と長女にしないことが重要**
なポイントです。生命保険金は相続財産ではなく、次男と長女の固
有の財産となります。そのため次男と長女が欲を出して、相続財産
である不動産と預貯金 2 億 4,000 万円を、長男に遺産分割請求など
するかもしれないからです。

◆法定相続分、遺留分と代償交付金

	長男	次男	長女
法定相続分 遺留分	8,000 万円 4,000 万円	8,000 万円 4,000 万円	8,000 万円 4,000 万円
遺産	不動産 2 億円	預貯金 2,000 万円	預貯金 2,000 万円
代償交付金	代償分割 ▲ 4,000 万円	現金 2,000 万円	現金 2,000 万円
合計	2 億円	4,000 万円	4,000 万円

　逆に長男が生命保険金4,000万円を独り占めしてしまうおそれも
あるので、代償分割する場合は必ず公正証書遺言を作成し、長男が
生命保険を独り占めしないようにしておく必要があります。

　このように、遺産分割対策は、遺言書と生命保険を活用した代償
分割によって、安心で簡単に遺産分割資金を確保できます。

◆生命保険を活用した代償分割でスムーズな遺産分割

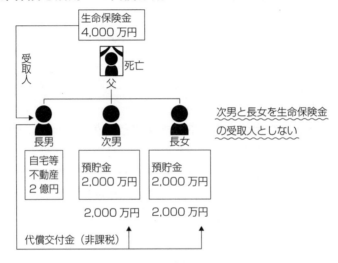

　遺言書と生命保険による代償分割、さらに財産の組替えによって、
安心・簡単な遺産分割対策が可能となります。

　この方法は、相続税の計算、遺留分の計算、遺言書の作成、生命
保険商品の知識、代償交付金書類の税務署提出、財産（不動産）の
組替えなどによる、不動産・税金・法律問題など複雑でトータルな
知識と技術が必要となります。相続の専門家のプロジェクトチーム
よりアドバイスを受けましょう。

終　章
相続対策とまとめ役

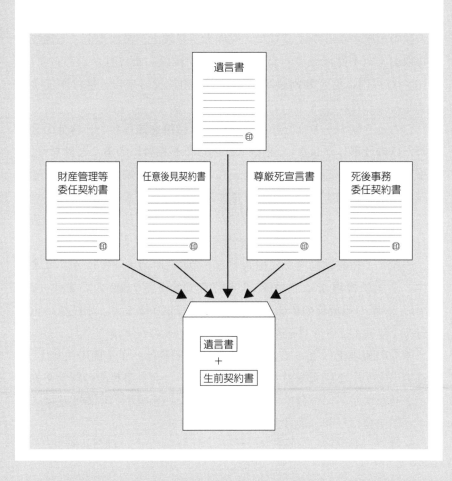

相続には
まとめ役が必要

1 相続・遺言の専門家なんていない

　著者が「相続のまとめ役、相続を調整する人」という意味で「相続コーディネーター®」を名乗るようになったのは、20数年前、実の親の相続がきっかけでした。税理士、弁護士、司法書士、宅地建物取引士（不動産業者）などの専門家が関係したにもかかわらず、10か月以内に遺産分割協議ができず、相続税の申告・納付ができませんでした。

　このとき気づかされたのは「**専門家は相続を知らない。自分の分野だけの仕事しかしない。相続人が困っても相談にのることはなく、手を差し伸べることはない**」ということです。相続人にとって、相続は初めて経験することばかりです。そんな相続人の側に立ち、専門家を一つにまとめ、相続を最初から最後まで一貫して支える相続コーディネーター®の存在の必要性を痛感しました。

　一般に、相続は税理士に相談するもの、というイメージがあります。全国に税理士は、平成30年時点で約7万7,000人いますが、平成28年の相続税の申告件数は約13万7,000件です。相続税の申告を1年間で1〜2件経験する程度、というのが実情です。

　多くの税理士にとって、毎月の法人顧問料と、年1回の決算と、確定申告が主な収入源です。法人の顧問料は会計事務所の経営を安定させますが、いつ発生するのか分からない相続税の申告業務はスポット業務になり、避けたい業務なのです。

　同じようなことが遺言にもいえます。平成31年時点で、日本には弁護士が約4万1,000人、司法書士は約2万2,000人、行政書士は約4万8,000人で、合計約11万人です。平成30年における公正証書遺言の作成件数は約11万件でした。公証役場へ遺言者本人が出向いて作成する場合もありますから、実際に専門家に依頼して、遺言原稿の作成を助言をしてもらっているケースはもっと少ないと思われます。これらの専門家の人数で遺言数を割ると、1年に1件程度、遺言と関わり合いがあるかどうかです。

　そのうえ、遺留分まで計算して遺言原稿のアドバイスをしている専門家は少ないと思われます。なぜなら、遺留分が仮に不動産であれば、固定資産税評価額や相続税評価額ではなく時価評価になるからです。不動産の時価については弁護士や司法書士、行政書士よりも、近所の不動産業者に尋ねたほうがよいでしょう。

　また相続発生時に遺言書に従って不動産だけ相続しても、いざそのときに資金が足りず、納税できないようでは困ります。ですから、相続税が課税される人は遺言書を作成する前に、あらかじめ相続税の予想額を算出したうえで遺言書を作成したほうがよいでしょう。相続税のことであれば、税理士が適任です。

　このように、遺言原稿の作成一つをとっても、不動産屋や税理士などのアドバイスが必要になります。こんなときこそ相続コーディネーター®の出番です。

② 8人の専門家とまとめ役

　相続人は相続が発生しても、経験が少ないため、何をどうすればよいか分からないことが多くありますが、相続コーディネーター®を相続の一つの窓口とすることで、専門家に自分の意思を適切に伝

えることができ、不安や悩みも解消されます。**相続コーディネーター®は相続を最初から最後まで、複数の専門家をまとめてサポートします。** 相続は下記の8分野の専門家たちと協力して進めます。

◆これからの新しい相続はワンストップ・サービスで提供

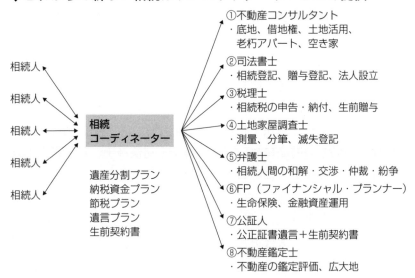

相続税が発生する場合、相続人は相続手続を進めるために、税理士、司法書士など多くの専門家と付き合わなければなりません。また、相続人が複数いる場合、他の相続人とも向き合わなければなりません。

相続税が発生しない場合でも、遺産分割は行わなければなりません。**相続トラブルが多いのは、相続税が発生せず、かつ主な財産が自宅や土地しかない場合**です。自宅に相続人が住んでいると不動産は簡単に分割できず、相続のとき取り分をめぐってよくもめます。

相続業務は広範囲におよびます。いろいろな対応をしてくれる窓口役がいないことが一番の問題です。

　日本人の相続財産のうち50％以上が不動産であり、家1軒が主な財産という方も少なくありません。不動産に関係する法令は、地方自治体ごとに決めている条例も含めると実に40近くもあります。

　税理士や弁護士といえども、不動産に苦手意識を持つ方は少なくありません。

　筆者は以前、遺産として広大な山林を所有した人の相続税申告コーディネート業務を依頼されたことがあります。その山林は、ゴルフ場18ホールが20か所分取れるほどの面積がありました。

　山林の相続税を評価する場合、林地（土地）と立木（杉や檜）に分けて相続税の計算を行います。筆者の経験上、立木に相続税は課税されないと思っていたり、森林組合の森林簿で単純に計算すればよいと思っている人が大多数です。

　この山林のケースでは、山林の相続税評価額は、地味級、立木度、地理級などを控除しない場合、数億円でした。しかし、筆者がコーディネーターとして関わり、山林の時価評価をした結果、相続税は0円になりました。また、別の土地は広大地評価を適用して、相続税評価額を5,000万円減額することができました。

　最終的にこれらの山林や土地は売却しましたが、そこにいたるまでに立木の価値を決める人、山林の買主を探す人、山林の土地の登記などをきちんとする人（司法書士）、広大地適用できるようにする人（不動産鑑定士）、相続税の計算をする人（税理士）など合計10名の専門家に依頼をしました。さらに、林野庁や複数の森林組合に話をして、資料の提出などをお願いしました。

　このように、コーディネーターしか考えだせない、相続問題を解決する相続スキームもあります。相続人が漠然としか描けない相続ストーリーを具体的にし、専門家をまとめ、相続人のために実現していくのが相続コーディネーター®の仕事です。

❸　相続人のまとめ役

　相続コーディネーター®とは、「相続人のまとめ役となり、必要に応じて専門家に指示し、また専門家の協力を得ながら、経済面、法律面、感情面の現状分析を行い、ワンストップ・サービスで遺産分割プラン、納税資金プラン、節税プラン、遺言プラン、生前契約書などの相続対策を相続人の意見や要望に沿って立案し、あわせて実行の援助と見直しをする人」と定義できます。

　相続コーディネーター®の業務は、相続・遺言の問題点を抽出して、専門家と打合せをしながら提案していくものになります。

　相続というものは、自分の両親、あるいは配偶者の両親、自分の兄弟姉妹などを含めても、一生にせいぜい数回しか経験できません。自分の相続であれば生前に対策を立てることはできますが、その結果を確認することはできません。

　相続業務は親族や関係者への連絡、葬式、納骨、死亡届の提出、保険金の請求、医療機関への支払いおよび退院手続、身の回りの生活用品の処分などの死後事務ほか、多岐にわたります。また、財産確認をして相続人間で遺産分割協議をし、金融機関への預貯金の払戻し、不動産の相続登記などの遺産整理もあります。

　相続人自身が自分でやろうとしても、経験が少ないため自分の意図する方向と異なったり、コストが割高になってしまうこともあります。そんなとき、相続コーディネーター®が相続人（依頼人）に代わって、物事をきちんと整理してあげることで、「木を見て森を見ず」ということになることもなく、手順よく進めることができます。

Ⅱ 相続は感情と勘定の問題

　相続において重要なことは、税、法律、「かんじょう」の３つの面から同時に考えることです。税とは相続税、所得税など。法律とは民法、不動産関連法令などです。**「かんじょう」には感情と勘定の両面があり、これを理解することが相続では最も難しく、相続コーディネーター®の経験がものをいいます。**

　感情と勘定は、夫婦間でも微妙に異なります。親子、兄弟姉妹の立場は利害が反するいわばライバル同士であり、相続人全員で相続を進めること自体が困難になることもあります。

　たとえば、親の介護や認知症の面倒をみたから余分に財産がほしい、という相続人の「勘定」が働くことがあります。また、子供のない夫婦で、嫁と姑の仲が悪いという場合、息子に遺産を相続後、息子が嫁よりも先に死亡すると、先祖伝来の土地を大嫌いな嫁が相続することになるので、息子に相続させたくない、という「感情」と「勘定」が働きます。

　実際に相続が発生した場合、大抵の人は「かんじょう」を優先します。

　また、相続人でない長男の嫁や長女の婿、あるいは孫などが口を出して、相続人の応援団になったり、相続人以上に欲を出すこともあります。相続対策というものは、いくら生前に節税対策や納税資金対策をしたところで、相続開始時の遺産分割の問題でつまずくと、すべてが無駄になってしまうものなのです。

　ところが、親というものは、自分が下した決断において、たとえそれが間違っていたとしても、否定されることで強いストレスを感じ、間違いを直そうとはしないものです。

　相続コーディネーター®に要求されることは、**経済面と法律面の知識と相続人の感情と勘定を汲みとり、顧客の悩みを解決する相続ストーリーを戦略的に描く**ことです。相続は広範囲の専門領域におよび、高レベルで相談できる人はあまりいません。

　相続・遺言の相談で事務所に来られる人は、皆さん何かに悩んだり、問題を抱えてどうしてよいか分からない人ばかりです。中には遺産分割問題で悩んでノイローゼになったり、髪の毛が抜けたり、病気になったりしてから相談に来る人もいらっしゃいます。ところが面談した後は、皆さんすっかり元気になられ、すっきりした表情で事務所を後にする人が多いものです。

　相続で悩んでいる人にアドバイスをするのも相続コーディネーター®の役割です。ご相談者さまのかんじょう（感情と勘定）を汲みとり、相続コーディネートすることに意味があります。

◆相続のイメージと構造

4 階	節税対策（生前贈与）		
3 階	遺産分割対策・財産管理対策・納税資金対策		
2 階	税金面	法律面	不動産面
1 階	かんじょう（感情と勘定）		

あとがき

相続には一度経験した人でないと分からない、"かんじょう"（感情と勘定、**終章Ⅱ**参照）が根本にあることも事実です。

税金や法律の知識がいくらあっても、相続で上手くいくとは限りません。

相続では、相続人の感情と勘定が大きく揺れ動き、人間の本質を垣間見ることもできます。

相続はやり直しがきかないドラマなのです。

ほとんどの人は、切羽詰まってから、失敗してからしか行動できません。中には、相続・遺言対策で失敗したことにさえ気づかない人さえいます。

そんな自分を感じているなら、この本が相続対策・遺言作成のヒントになるかもしれません。

この本に書かれていることは、相続や遺言の知識や理論というよりも、相続・遺言の現場の知恵です。

辛い経験をしたら、同じことが他人に起きないようにする。

楽しい経験をしたら、同じことが他人に起きるようにする。

自分の過去の経験の中に、現在の自分の夢がある。

本書が、相続対策・遺言作成のヒントになれば幸いです。

相続コーディネーター®　後東　博

遺 言 書

第1条　遺言者は、下記の財産を遺言者の妻○○○○（昭和○○年○○月○○日
　　　　生）に相続させる。
　1　　不動産
　　　（1）土地
　　　　　所在　　　　　東京都○○区○○町○丁目
　　　　　地番　　　　　○○番○号
　　　　　地目　　　　　宅地
　　　　　地積　　　　　△△平方メートル
　　　（2）建物
　　　　　所在　　　　　東京都○○区○○町○丁目○○番地○号
　　　　　家屋番号　　　○○番○号
　　　　　種類　　　　　居宅
　　　　　構造　　　　　木造瓦葺2階建
　　　　　床面積　　　　1階△△平方メートル、2階△△平方メートル

第2条　遺言者は、下記の財産を遺言者の長女○○○○（昭和○○年○○月○○
　　　　日生）に相続させる。
　1　　預貯金
　　　　金融機関　　　　○○銀行○○支店
　　　　種類　　　　　　普通預金
　　　　口座番号　　　　○○○○○
　2　　株式　　　　　　○○株式会社　　△△株

第3条　遺言者は、下記の財産を遺言者の長男○○○○（昭和○○年○○月○○
　　　　日生）に相続させる。
　1　　預貯金
　　　　金融機関　　　　○○銀行○○支店
　　　　種類　　　　　　普通預金
　　　　口座番号　　　　○○○○○

第4条　遺言者は、第1条、第2条、第3条に記載した以外の遺言者の財産の一
　　　　切を妻の○○○○に相続させる。

第5条　遺言者は、祭祀主宰者として、長男の○○○○を指定する。

第6条
1 遺言者は、本遺言の執行者として、長男の○○○○を指定する。
2 遺言執行者は不動産の登記手続き、預貯金の解約、払戻し、名義変更、有価証券の売却、換金、その他この遺言の執行に必要な一切の行為を単独で行う権限を有する。
3 遺言執行者は、必要と認めるときは上記遺言執行の全部又は一部を委任することができる。

(付言事項)
　長女の○○○○が遺言者の食事や身の回りの世話をしてくれ、おかげで老後は自宅で安心して生活をすることができました。長女に対して長男よりも多くの財産を残してやるのはそういう気持ちからです。
　さらに妻亡き後は、妻の分も長男が相続し、○○家を維持してもらいたいと強く希望しています。私亡き後も家族3人が円満であることを願っています。

本 旨 外 要 件

令和○○年○○月○○日
住所　　　東京都○○区○○町○丁目○○番地
職業　　　無職
遺言者　　○○○○
生年月日　昭和○○年○○月○○日生

住所　　　東京都××区○○町○丁目○○番地
職業　　　会社役員
証人　　　○○○○
生年月日　昭和○○年○○月○○日生

住所　　　東京都△△区○○町○丁目○○番地
職業　　　会社事務員
証人　　　○○○○
生年月日　昭和○○年○○月○○日生

財産管理等委任契約書

第1条　（契約の趣旨）
　　　　本契約は、甲が乙に対し、令和○○年○○月○○日、甲の財産に関する事務を委任し、乙はこれを受任した。

第2条　（委任事務の範囲）
　　　　甲は、乙に対し、別紙「代理権目録」記載の委任事務を委任し、その事務処理のための代理権を与える。

第3条　（費用の負担）
　　　　乙が本件委任事務を処理するために必要な費用は、甲の負担とし、乙はその管理する甲の財産からこれを支出することができる。

第4条　（報酬）
　　　　乙の本件委任事務処理は無報酬とする。

第5条　（報告）
　　1　乙は甲に対し、6か月ごとに、本件委任事務処理の状況について報告書を提出して報告する。
　　2　甲は乙に対して、いつでも本件委任事務処理の状況について報告を求めることができる。

第6条　（契約の変更）
　　　　本委任契約に定める代理権の範囲を変更する契約は、公正証書によってするものとする。

第7条　（契約の解除）
　　　　甲及び乙はいつでも本委任契約を解除することができる。但し、解除は公証人の認証を受けた書面によってしなければならない。

本 旨 外 要 件

令和○○年○○月○○日
住所　　　　　　東京都○○区○○町○丁目○○番地
職業　　　　　　無職
委任者（甲）　　○○○○
生年月日　　　　昭和○○年○○月○○日生

住所　　　　　　東京都××区○○町○丁目○○番地
職業　　　　　　会社員
受任者（乙）　　○○○○
生年月日　　　　昭和○○年○○月○○日生

代理権目録

1. 不動産、動産等すべての財産の管理と保存
2. 銀行・ゆうちょ銀行等すべての金融機関の委任者（本人）名義の預貯金に関する払戻し、預入れ、口座開設、振込依頼、解約、その他すべての取引に関すること。
3. 証券会社や保険会社との契約の締結、変更、保険料の支払い、保険金の受領等に関するすべての取引に関すること。
4. 生活に必要な物品の購入、家賃、地代、年金その他社会保険給付等定期的な収入の受領及び家賃、地代、公共料金等定期的な費用の支出を要する支払いに関すること。
5. 登記の申請、供託の申請、住民票、戸籍謄抄本、登記事項証明書の申請、税金の申告・納付等行政機関に対する一切の申請、請求、支払い等に関すること。
6. 医療契約、入院契約、介護契約、施設入所契約、ヘルパーとの契約その他福祉サービス利用契約等、委任者（本人）の身上看護に関する一切の契約の締結、変更、解除、費用の支払い等に関すること。
7. 要介護認定の申請及び認定に対する承認又は異議申立てに関する一切のこと。

任意後見契約書

第1条 （契約の趣旨）

甲は乙に対し、令和○○年○○月○○日、甲の判断能力が将来不十分な状況（任意後見契約に関する法律第4条第1項の精神上の障害により事理を弁識する能力が不十分な状況）になった場合における甲の生活、療養看護及び財産の管理に関する事務（以下「後見事務」という）を行うことを委任し、乙はこれを受任する。

第2条 （本契約の発効）

1 本任意後見契約は、家庭裁判所において、乙の任意後見監督人が選任されたときからその効力を生じる。

2 本任意後見契約締結後、甲が精神上の障害により事理を弁識する能力が不十分な状況になり、乙が本任意後見契約による後見事務を行うことを相当と認めたときは、乙は家庭裁判所に対し任意後見監督人の選任の請求をすることができる。

3 本任意後見契約の効力発生後における甲と乙との間の法律関係については、任意後見契約に関する法律及び本契約に定めるもののほか、民法の規定に従う。

第3条 （後見事務の範囲）

甲は乙に対し、別紙「代理権目録」記載の後見事務（以下「本件後見事務」という）を委任し、その事務処理のための代理権を与える。

第4条 （身上配慮の責務）

乙は、本件後見事務を処理するに当たっては、甲の意思を尊重し、かつ甲の身上に配慮するものとし、その事務処理のため、必要に応じて甲と面談し、ヘルパーその他日常生活援助者から甲の生活状況につき報告を求め、主治医その他医療関係者から甲の心身の状態につき説明を受けることなどにより、甲の生活状況及び健康状態の把握に努めるものとする。

第5条 （証書などの保管等）

1 乙は、甲から本件後見事務処理のために必要な通帳や印鑑、証書その他の書類等の引渡しを受けたときは、甲に対し、その明細及び保管方法を記載した預り証を交付する。

2 乙は、本件後見事務を処理するために必要な範囲で前記の証書を使用するほか、甲宛の郵便物その他の通信を受領し、本件後見事務に関連すると思われるものを開封することができる。

3 乙は、本任意後見契約の効力発生後、甲以外の者が第1項記載の証書等を所持しているときは、自らこれを保管することができる。

第6条 （費用の負担）

乙が本件後見事務を処理するために必要な費用は、甲の負担とし、乙はその管理する甲の財産からこれを支出することができる。

第7条 （報酬）

1 乙の本件後見事務処理は無報酬とする。

2 本件後見事務を無報酬とすることが、甲の生活状況又は健康状態の変化、経済情勢の変動等により不相当となったときは、甲及び乙は、任意後見監督人と協議して、報酬を定めることができる。この変更契約は、公正証書によってしなければならな

い。
　3　　前項の場合において、甲がその意思を表示することができない状況にあるときは、
　　　　乙は任意後見監督人の書面による同意を得てこれを変更することができる。

第8条　（報告）
　1　　乙は、任意後見監督人に対し、6か月ごとに、本件後見事務に関する次の事項につ
　　　　いて書面で報告する。
　　(1) 乙の管理する甲の財産の管理状況
　　(2) 甲を代理して取得した財産の内容、取得の時期・理由・相手方及び甲を代理して処
　　　　分した財産の内容、処分の時期・理由・相手方
　　(3) 甲を代理して受領した金額及び支払った金銭の状況
　　(4) 甲の身上監護につき行った措置
　　(5) 費用の支出及び支出した時期・理由・相手方
　　(6) 報酬の定めがある場合の報酬の収受
　2　　乙は、任意後見監督人の請求があるときは、いつでも速やかにその求められる事項
　　　　につき報告する。

第9条　（契約の解除）
　1　　甲又は乙は、任意後見監督人が選任されるまでの間は、いつでも公証人の認証を受
　　　　けた書面によって、本任意後見契約を解除することができる。
　2　　甲又は乙は、任意後見監督人が選任された後は、正当な事由がある場合に限り、家
　　　　庭裁判所の許可を得て、本任意後見契約を解除することができる。

第10条　（契約の終了）
　1　　本任意後見契約は次の場合に終了する。
　　(1) 甲又は乙が死亡し、又は破産手続開始決定を受けてとき
　　(2) その他法定の終了事由が生じたとき
　2　　任意後見監督人が選任された後に前項各号の事由が生じたときは、甲又は乙は、す
　　　　みやかにその旨を任意後見監督人に通知し、速やかに任意後見終了の登記を申請し
　　　　なければならない。

本 旨 外 要 件

令和○○年○○月○○日
本籍　　　　　名古屋市○○区○○町○丁目○○番地
住所　　　　　東京都○○区○○町○丁目○○番地
職業　　　　　無職
委任者（甲）　○○○○
生年月日　　　昭和○○年○○月○○日生

住所　　　　　東京都××区○○町○丁目○○番地
職業　　　　　会社員
受任者（乙）　○○○○
生年月日　　　昭和○○年○○月○○日生

代理権目録

1．不動産、動産等すべての財産の保存、管理及び処分に関する事項
2．銀行等の金融機関、証券会社、保険会社等とのすべての取引に関する事項
3．定期的な収入（家賃、地代、年金等）の受領及びこれに関する事項
4．定期的な支出（家賃、地代、公共料金、保険料、税金等）の支払い及びこれに関する事項
5．生活に必要な送金、物品の購入、代金の支払い、その他日常生活に関連する取引に関する事項
6．医療契約、入院契約、介護契約（介護保険制度における介護サービス利用契約・ヘルパー・家事援助者等の派遣契約を含む）その他福祉サービス利用契約、福祉関係施設入退所契約に関する事項
7．要介護認定の申請及び認定に関する承認又は異議申立てに関する事項
8．登記済権利証、預貯金通帳、有価証券又はその預り証、印鑑、印鑑登録カード、各種カード、年金関係書類、重要な契約書類の保管及び各事務処理に必要な範囲内の使用に関する事項
9．居住用不動産の購入、賃貸借契約並びに住居の新築・増改築に関する請負契約に関する事項

尊厳死宣言書

第1条 （延命治療を拒否する意思表明）

私○○○○は、私が将来病気に罹り、これが不治であり、かつ、死期が迫っている場合に備えて、私の家族及び医療に携わっている方々に以下の要望を宣言します。

1 私の疾病が現在の医学では不治であり、かつ、既に死期が迫っていると担当医を含む2名以上の医師により診断された場合には、死期を延ばすためだけの延命治療は一切しないでください。

2 前項の場合、私の苦痛を和らげる処置は最大限に実施してください。そのために投与した麻薬などの副作用により死亡時期が早まったとしてもかまいません。

第2条 （家族の同意）

この証書の作成に当たっては、あらかじめ私の家族である次の者の了承を得ております。

住所	東京都○○区○○町○丁目○○番地
長男	○○○○
生年月日	昭和○○年○○月○○日生

第3条 （医師に刑事、民事、その他の責任を負わせないこと）

私のこの宣言による要望を忠実に果たしてくださる方々に深く感謝申し上げます。そしてその方々が私の要望に従ってされた行為の一切の責任は、私自身にあります。

警察、検察の関係者の皆様におかれましては、私の家族や医師が私の意思に沿った行動を執ったことにより、これらの者を犯罪捜査や訴追の対象とすることのないように特にお願いします。

第4条 （尊厳死宣言書の効力）

この宣言書は、私の精神が健全な状態にあるときにしたものであります。従って私の精神が健全な状態にあるときに私自身が撤回しない限り、その効力を持続するものであることを明らかにしておきます。

本 旨 外 要 件

令和○○年○○月○○日

住所	東京都××区○○町○丁目○○番地
職業	無職
尊厳死宣言者	○○○○
生年月日	昭和○○年○○月○○日生

死後事務委任契約書

第1条　（契約の趣旨）
　　　　甲は乙に対し、甲の死後の事務を委任し、乙はこれを受任した。

第2条　（委任事務の範囲）
　　　　甲は乙に対し次の事務を委任し、その事務処理のための代理権を付与する。
　　1　　死亡届、葬儀、埋葬、納骨、永代供養等に関する事務一切
　　2　　医療機関、療養施設、老人ホーム等への支払い及び退院手続き等一切
　　3　　本契約による行政官庁に対する諸届け事務一切

第3条　（費用）
　　　　甲は、乙が上記死後事務を処理するために必要な費用として〇〇〇円を、あらかじめ乙に交付するものとし、乙は受領に関する領収書等を甲に交付するものとする。

第4条　（散骨）
　　　　乙は、遺言者の一周忌を目途に、ハワイで散骨を行う。

第5条　（猫の世話）
　　　　乙は、猫の世話又は適切な機関等への譲渡を行う。

本 旨 外 要 件

令和〇〇年〇〇月〇〇日
住所　　　　　　東京都〇〇区〇〇町〇丁目〇〇番地
職業　　　　　　無職
委任者（甲）　　〇〇〇〇
生年月日　　　　昭和〇〇年〇〇月〇〇日生

住所　　　　　　東京都××区〇〇町〇丁目〇〇番地
職業　　　　　　会社員
受任者（乙）　　〇〇〇〇
生年月日　　　　昭和〇〇年〇〇月〇〇日生

身元保証契約書

第1条　（目的）
　　　本契約は、甲が病院や有料老人ホーム等の施設に入居する際に、乙が身元引受人として入居契約書に連署し、入居先施設に対する甲の債務保証を行うことを目的とする。

第2条　（委任事務）
　　　甲は、乙に対し、次の事務を行うことを委任（以下「本件委任事務」という）し、乙はこれを受任した。
　　　１．身元引受人への就任
　　　２．施設入居時の諸手続き
　　　３．入院時の諸手続き
　　　４．財産管理・処分に関する助言
　　　５．退院時の諸手続き

第3条　（記録及び報告）
　　　乙は、甲に対し、本件委任事務に関する事項について、口頭で報告し、甲から申し出があった場合は、書面で報告する。

第4条　（費用の負担）
　　１　本契約により本件委任事務処理に関する費用は、甲の負担とする。
　　２　乙は、前項の費用について、その支出に先だって支払いを受けることができる。

第5条　（報酬）
　　　甲は、乙に対し、本契約ならびに本件委任事務の対価として報酬を支払う。

第6条　（求償権）
　　　甲の入居施設に対する金銭債務につき、乙が保証人として、甲に代わって弁済した場合、その額について、乙は、甲又は財産管理等委任契約の受任者に対し、求償権を有する。

第7条　（契約終了時の財産の引継ぎ）
　　　乙は、本契約が終了した場合、委任事務を行った費用及び報酬、保証金を清算した後、残余財産を甲又は甲の財産管理人、相続人に引き渡すものとする。

令和〇〇年〇〇月〇〇日
住所　　　　　　東京都〇〇区〇〇町〇丁目〇〇番地
職業　　　　　　無職
委任者（甲）　　〇〇〇〇
生年月日　　　　昭和〇〇年〇〇月〇〇日生

住所　　　　　　東京都××区〇〇町〇丁目〇〇番地
職業　　　　　　会社員
受任者（乙）　　〇〇〇〇
生年月日　　　　昭和〇〇年〇〇月〇〇日生

見守り契約書

第1条　（目的）
　　　　本契約は、甲が自分で財産管理や生活面の手配を適切に行うことができるまで定期的な電話連絡及び訪問・面談を通じて、乙が、甲の生活全般及び健康状態を把握することにより、安心して暮らせるように見守ることを目的とする。

第2条　（契約期間）
　　　　契約期間は1年とし、甲或いは乙から申し出がない場合には自動的に更新される。

第3条　（報酬）
　　　　乙の報酬は月額〇万円（消費税別）とする。

第4条　（見守り内容と義務）
　　1　乙は少なくとも、月1回、電話或いは直接の面談により甲の安否を確認することとする。但し、甲の要請があった場合又は乙が必要と認めた場合には、随時面談を行う。
　　2　乙は定期的な電話連絡及び訪問・面談を通じて甲の様子変化を見守る。
　　3　甲が介護・福祉サービス契約の締結を必要とする状況や認知症の発症が疑われる状態と認めた場合は、関係機関に対応措置の要請を行う。

第5条　（契約の終了）
　　　　甲が自分で財産管理や療養看護の手配等を適切に行うことができなくなったときには、あらかじめ締結してある任意後見契約に移行する。

令和〇〇年〇〇月〇〇日
　　住所　　　　　東京都〇〇区〇〇町〇丁目〇〇番地
　　職業　　　　　無職
　　委任者（甲）　〇〇〇〇
　　生年月日　　　昭和〇〇年〇〇月〇〇日生

　　住所　　　　　東京都××区〇〇町〇丁目〇〇番地
　　職業　　　　　会社員
　　受任者（乙）　〇〇〇〇
　　生年月日　　　昭和〇〇年〇〇月〇〇日生

著者紹介

後東　博（ごとう　ひろし）
○経歴

（有）愛知財務コンサルタンツ 代表取締役

愛知総合相続相談センター 所長

愛知老朽アパート・不動産法人化研究所 理事長

後東博相続コーディネーター塾塾長

相続コーディネーター®

1級ファナンシャル・プランニング技能士

愛知総合相続相談センターの所長として税理士・弁護士・不動産鑑定士・不動産コンサルタント・司法書士・土地家屋調査士・FP等の専門家とプロジェクトチームを作り、「どんな困難な相続・遺言・不動産問題にも対応する」をモットーに業務を行っている。

相続・遺言、終活、不動産、金融資産、生命保険等の総合的な相続に関する資産活用のコンサルティングを行う。現在までに4,000名以上（毎年コンサルティング資産100億円以上）の顧客の相談やアドバイスを行う。

○講師歴

愛知大学、南山大学、名城大学、日本福祉大学、中部大学、愛知工業大学、名古屋学院大学、星城大学、中部学院大学、四日市大学、名古屋商科大学、浜松大学、名古屋女子大学、名古屋文化短期大学等の非常勤講師やエクステンションセンター講師。ゼミ、FP（ファナンシャル・プランニング）講座、証券外務員講座や相続、遺言、終活の講座を担当。

○ご連絡先

・**愛知総合相続相談センター**

　〒 450-0002

　名古屋市中村区名駅 4 丁目 25 番 17 号

　三喜ビル 6 階

・**愛知老朽アパート・不動産法人化研究所**

　〒 451-6040

　名古屋市西区牛島町 6-1

　名古屋ルーセントタワー 40 階

・ホームページ：http://souzoku.xyz

・E メールアドレス：h-gotou@beach.ocn.ne.jp

・FAX：052-443-2835

○生前 4 点契約書®

　『財産管理等委任契約書』『任意後見契約書』『尊厳死宣言書』『死後事務委任契約書』の 4 つの生前契約書の総称です。

○相続コーディネーター®

　「相続人のまとめ役となり、必要に応じて専門家に指図し、または専門家の協力を得ながら、経済面、法律面、感情面の現状分析を行い、ワンストップ・サービスで遺産分割プラン、納税資金プラン、節税プラン、遺言プラン、生前 4 点契約書®等の相続対策を相続人の意見や要望に沿って立案し、あわせて実行援助と見直しをする人」のことです。

監修者紹介

上川　順一（かみかわ　じゅんいち）
税理士、1 級 FP 技能士、CFP®
上川総合会計事務所　所長

村松　由紀子（むらまつ　ゆきこ）
弁護士　愛知県弁護士会所属
弁護士法人クローバー　代表

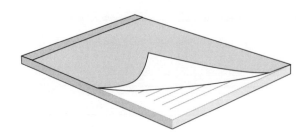

高齢期を安心して過ごすための
「生前契約書＋遺言書」作成のすすめ
（新版）

平成 29 年 2 月 20 日	初版発行
令和 2 年 6 月 20 日	新版初版
令和 3 年10月 20 日	新版 2 刷

 日本法令 ®

〒 101-0032
東京都千代田区岩本町 1 丁目 2 番 19 号
https://www.horei.co.jp/

検印省略

著　者	後　　東　　　　博
監修者	上　川　順　一
	村　松　由　紀　子
発行者	青　木　健　次
編集者	岩　倉　春　光
印刷所	日　本　ハ　イ　コ　ム
製本所	国　　宝　　　　社

（営 業）	TEL　03-6858-6967	E メール　syuppan@horei.co.jp
（通 販）	TEL　03-6858-6966	E メール　book.order@horei.co.jp
（編 集）	FAX　03-6858-6957	E メール　tankoubon@horei.co.jp

（バーチャルショップ）　https://www.horei.co.jp/iec/
（お 詫 び と 訂 正）　https://www.horei.co.jp/book/owabi.shtml
（書 籍 の 追 加 情 報）　https://www.horei.co.jp/book/osirasebook.shtml

※万一、本書の内容に誤記等が判明した場合には、上記「お詫びと訂正」に最新情報を掲載
　しております。ホームページに掲載されていない内容につきましては、FAXまたはEメー
　ルで編集までお問合せください。